新形势下高等工程教育实践

教学体系构建与实践

徐向伟　姚建涛　著

燕山大学出版社

·秦皇岛·

图书在版编目（CIP）数据

新形势下高等工程教育实践教学体系构建与实践 / 徐向伟，姚建涛著. —秦皇岛：燕山大学出版社，2022.5

ISBN 978-7-5761-0324-3

Ⅰ. ①新… Ⅱ. ①徐… ②姚… Ⅲ. ①高等教育－工科（教育）－教学研究－中国 Ⅳ. ①G649.21

中国版本图书馆 CIP 数据核字（2022）第 061207 号

新形势下高等工程教育实践教学体系构建与实践

徐向伟 姚建涛 著

出 版 人：陈 玉

责任编辑：王 宁　　　　　　　　策划编辑：王 宁
责任印制：吴 波　　　　　　　　封面设计：吴 波
出版发行：燕山大学出版社　　　　地　　址：河北省秦皇岛市河北大街西段 438 号
　　　　　YANSHAN UNIVERSITY PRESS
邮政编码：066004　　　　　　　　电　　话：0335-8387555
印　　刷：英格拉姆印刷(固安)有限公司　经　　销：全国新华书店

尺　　寸：170mm×240mm　16 开　　印　　张：12.25
版　　次：2022 年 5 月第 1 版　　　印　　次：2022 年 5 月第 1 次印刷
书　　号：ISBN 978-7-5761-0324-3　字　　数：200 千字
定　　价：49.00 元

前　　言

　　随着新一轮科技和产业革命的深入发展，我国经济社会发展从依靠资源、人力投入等要素驱动转向依靠高科技创新驱动，高新科技成为"双循环"新发展格局的核心动力。近年来，在创新驱动发展战略和知识产权战略的实施推动下，我国科技创新取得长足进展，创新水平与其他发达国家的差距明显缩小，特别是近十年来，我国在人工智能、量子通信等领域产生了世界范围的重大影响。

　　高等工程教育是高等教育的重要组成部分，在我国经济发展、科技进步以及现代化建设进程中发挥着不可替代的作用。工程教育致力于受教育者的科学素养、工程意识以及应用技能的培养，培养高水平的工程师是高等工程教育的目标追求。近十年来，我国高等工程教育在供给规模、人才培养层次结构、专业课题、教师队伍建设、专业认证建设等方面取得了长足的发展。

　　实践是工程教育的灵魂。近年来，以新技术、新产业、新业态和新模式为特征的新经济呼唤新工科建设，国家一系列重大战略深入实施呼唤新工科建设，产业转型升级和新旧动能转换呼唤新工科建设，增强国际竞争力和国家硬实力呼唤新工科建设。2017 年 6 月 9 日，教育部在北京召开新工科研究与实践专家组成立暨第一次工作会议，全面启动、系统部署新工科建设。伴随着我国工程实践的迅猛发展，我国工程职业化步伐不断加快，特别是在注册工程师制度建立、工程职业技术规范和行为规范制定、工程职业社团组建等方面都取得了显著的成绩。但是与之形成鲜明对比的是，我国工程教育与工程职业化严重脱节，特别是对于工程职业化必备的工程经验获取、工程规范习得以及工程职业身份认同在现有工程教育中呈现弱化，工程人才从完成学校的专业学习到实现职业生涯发展的良性路径尚未形成。

工程教育与产业发展联系紧密、相互影响。发展"新工科"，对接新兴产业，培养新型工程科技人才，既是当务之急，也是长远之策。2019年，教育部在深入推进新工科建设中指出：加快培养新兴领域工程科技人才，改造升级传统工科专业，主动布局未来战略必争领域人才培养。新工科建设凸显学科交叉与综合，注重工程实践能力和创新能力的培养。工程教育专业认证是工程教育水平评估的基本手段，有利于促进专业教育水平的持续提高。专业认证的主要目的：第一，促进专业发展，评价专业人才培养是否达到既定的质量标准，以及专业是否有质量持续改进提高的机制。第二，通过工程教育专业认证，可以加强工程教育和行业的联系，保证未来工程师合格的教育基础，推动工程教育与产业界协同育人。第三，通过工程教育认证，加入国际工程教育学会，推动工程教育国际化。第四，通过工程教育认证，以推动工程教育改革为目标，提升工程教育质量。经过工程教育专业认证的多年积累和发展，我国绝大多数高校遵循以学生为中心、以产出为导向、注重专业的持续改进三大专业认证基本理念，按照OBE的模式重构了工程教育实践教学体系。

本书的出版得到了河北省社会科学基金青年项目"OBE理念下现有工程教育实践教学体系的问题与新体系的构建"（HB16JY084）的支持。本书第1、3、4、5章为徐向伟著，第2章为姚建涛著。本书在写作过程中，也得到了燕山大学机械工程学院各位老师以及专业认证秘书处老师的支持，在此也一并感谢。

鉴于本人在理论层面的研究尚不够深入，难免出现错误或不足，敬请读者批评指正。

目　　录

第 1 章　新形势下高等教育发展阶段概述 1

1.1 高等教育发展历史概要 1

1.2 中国高等教育发展历史概述 5

1.3 高等工程教育概况 14

本章参考文献 18

第 2 章　现阶段高等工程教育发展中实践教学体系的问题 20

2.1 理论教学体系与实践教学体系的论述 20

2.2 集中说明实践教学体系的问题 24

2.3 疫情发展情况下的实践教学体系问题 33

本章参考文献 37

第 3 章　工程教育专业认证概述 39

3.1 工程教育专业认证历史与发展 39

3.2 工程教育专业认证现状与问题 42

3.3 工程教育专业认证指标体系 46

3.4 工程教育专业认证认证程序 61

3.5 工程教育专业认证对实践教学的要求 66

本章参考文献 67

第4章 新形势下新发展阶段对实践教学体系建设的要求与 构建原则 69

4.1 对比分析传统工程教育实践教学模式的问题 70

4.2 新形势下 OBE 理念下工科专业项目式实践教学体系的构建 71

4.3 项目式实践教学体系的构建 77

第5章 我国工科专业实践教学体系构建案例 88

5.1 燕山大学机械设计制造及自动化 88

5.2 燕山大学材料成型及控制工程 95

5.3 北京理工大学车辆工程 101

5.4 东北大学冶金工程 108

5.5 太原理工大学矿物加工工程 111

5.6 华北理工大学采矿工程 125

5.7 长江大学资源勘查工程 131

5.8 武汉理工大学安全工程 135

5.9 四川师范大学环境工程 145

5.10 山东理工大学化学工程与工艺 149

5.11 武汉理工大学材料物理 154

5.12 昆明理工大学食品科学与工程 157

5.13 福建工程学院计算机科学与技术 163

5.14 江苏科技大学电子信息工程 170

5.15 南京信息工程大学测控技术与仪器 176

5.16 扬州大学交通工程 181

第 1 章　新形势下高等教育发展阶段概述

1.1 高等教育发展历史概要

1.1.1 西方高等教育发展历史概述

现代意义上的高等教育起源于 12、13 世纪的中世纪大学，西方高等教育的起源可以追溯到古希腊时期的柏拉图"学园"。高等教育发展史从最初的"典雅大学"到层次类型繁多的现代大学，职能有所转变，人才培养方向也随着多次改变，原因受各时期复杂的政治、经济、文化等影响。但是教育的典型特征就是围绕"人"展开的各种活动，人的思想与教育的关系是非常密切的。每个时期高等教育新职能的出现总是和对应时期占主导地位的哲学思想紧密相连，而且基本上保持一致性和同步性。

1.西方高等教育的发展

18世纪的西方大学尽管经历了哈勒和哥廷根两校的现代化改革，但整体上仍不尽如人意，为世人所诟病。传统大学的作用被质疑，甚至面临被废除或取缔的危险[1]。19世纪初，法国入侵德国，导致了柏林大学的创办，从此开始了德国大学改革的洪堡时代。作为普鲁士教育大臣，洪堡受命主持柏林大学的创办工作。他以新人文主义作为大学改革的指导思想，高举学术自由的大旗，注重培养个性充分发展的人。洪堡对柏林大学提出的基本原则是聘请一流学者并给予他们研究自由。此外，他对诸如组织形式、规章制度等细节从不干涉。他深信学者的个人才华是唯一要素，"如果追求知识成为大学的首要原则，那么我们就没什么可担心的了"。在极短的时间里，洪堡为柏林大学聘请到了一流的教授。1810年秋，柏林大学正式开学，尊重自由的学术研究，成为新大学的精神主旨。柏林大学的独特之处在于研究成为教授的正式职责。"柏林大学最初就把致力于专门科学研究作为主要要求，把授课效能作为次要问题来考虑；更恰当地说，该校认为在科研方面有卓著成就的优秀学者，也总是最好和最有能力的教师。"基于这种理解，柏林大学注重高深科学研究，既给教师提供充分的教学科研自由，也允许学生享有充分的学习自由，包括选科、选择教师和转学的自由。为使教学与科研相结合，柏林大学采用了开设讲座的方法[2]。为鼓励学生进行高深研究，重视"习明纳尔"方法，即一小批学生在教师的指导下对某个问题或领域进行深入研究，该方法成为"科学研究的苗圃"。柏林大学获得了极大成功，成为德国高等教育的榜样。新的学术自由和科学研究精神在德国大学蔚然成风，德国大学的思想也开始传播到世界各地[3]。

经过拿破仑政府的改革，法国的高校也经历了巨大的发展。法国各类高等院校无不成为切实满足国家利益的机构，这种功利主义倾向基本主宰了当时的法国高等教育。19世纪初，德、法两国的大学改革共同开启了近代西方大学的新时代。当然，由于改革指导理念的不同，两国大学改革出现了相异的结果。新人文主义主导的德国大学将学术自由和科学研究深深融入它的躯体和精神之中，"为科学而生活"，更准确地说是"为学术而生活"成了德国大学追求的理想[4]。经过这场改革，不到半个世纪，德国大学成为世界高等教育的领跑者，成为当时世界科学和学术的中心、培养学者和科学家的摇篮，其影响遍布世界各地。柏林大学的创办无疑是大学史上的一次飞跃，但这场改革并非对大学传统的决弃，而是在传统大学理念基础上增添新的因素。新旧两种力量共同推动了大学理念的发展，当这种发展成为普遍趋势，历史的惯性必然会将变革的因素纳入传统的范畴。传统与变革就这样在发展中形成辩证的统一。这或许是19世纪初德国大学改革成为近代西方大学改革最成功的案例之一的重要原因。与此相异，受功利主义强烈影响的法国大学则走上了另一条道路。尽管这场旨在将传统大学改造为切实满足国家利益需要的机构的改革，短期内确有成效，但这种彻底抛弃大学传统的改革也为法国高等教育的衰落埋下了伏笔[5]。

19世纪初法国所具有的世界科学中心的地位，至19世纪中叶就不得不让位于德国。直到19世纪后期，法国才在色当战役惨败的刺激下重新审视自己的大学，在学习德国大学模式的基础上开始探索大学发展的新路径。19世纪初德、法两国结局迥异的大学改革引起了后人的思考[6]：改革是大学在外部社会环境发生变化的情况下，为更好地生存和发展而选择的一种自我更新方式，但在改革过程中，大学本身所固有的传统应该扮演何种角色？如何处理传统与变革的关系才能够符合大学自身的发展规律？这些思考伴随西方大学的发展走过了200年的历程。

2.西方高等教育的变革，将科学研究纳入高等教育

高等教育各种职能的变迁最明显地体现了高等教育的价值取向，主要经历了三大历史演进轨迹。保守主义占主导地位时期，人文主义教育盛行，高等教育的主要职能是知识传授、理智训练。伴随着自由主义的兴起，自然科学受到重视，科学研究被纳入大学职能范围内，为人文主义教育注入了新的内容，并成为现代大学的精神基础。自由主义繁盛之后，人文主义教育受到挑战，科学教育日益重要并占据了主导地位，高等教育的价值取向发生了根本性的变革，高等教育的三大职能最终形成[7]：传授知识、科学研究和直接为社会服务。但是保守主义和自由主义的冲突并未就此停止，"二战"之后出现了一批反对杜威自由主义的新保守主义，人文主义教育得到复兴并开始和科学教育融合。文艺复兴之后早期自由主义者如卢梭开始登场，至杜威乃灿烂一时，其后便出现了保守和自由的斗争与融合，以及这种状况的尝试性解决时期。这两大阵营在教育哲学本体论、认识论、真理观和价值观方面是针锋相对的。关于人之本性，保守主义最为一贯的信念就是人的本质的二元论，而自由主义者则坚决摈弃二元论；在认识论上，保守主义坚持以人的理性力量为中心，而自由主义则相信经验与科学；关于真理观，保守主义坚持真理的内在价值和永恒性，而自由主义则强调真理的动态性；在价值观上，保守主义坚持价值的绝对性和终极性，而自由主义的价值观则是建立在否定任何终极或者绝对价值之上的。但是在一些具体的教育问题方面，比如说课程问题，二者并非泾渭分明。高等教育思想也是在保守与自由的冲突与融合中不断演进并从根本上影响高等教育的价值取向，从而决定了高等教育的职能变迁[8]。

高等教育职能最初是以培养高级人才为主，崇尚普遍知识传授的博雅教育理念。文艺复兴以来，人文主义得到长足发展，再加上启蒙运动之后崇尚科学和理性，自由主义思潮初露端倪，科学研究也被纳入高等教育的职能范围之内。19世纪中叶以来，随着资本主义生产方式的迅速发展，自由主义得到滋养之后便迅速发展起来并盛极一时，大有超越保守主义的势头，人文主义教育受到了极大的挑战。随着自由主义教育思想在美国的崛起，美国人的独立和创新精神加速了高等教育功利主义的进程，高等教育再一次被赋予一项神圣的使命：服务社会。在这一阶段，保守主义和自由主义的冲突最为剧烈，表现在高等教育的价值取向上就是理性主义和功利主义的剧烈冲突，但是"二战"之后，二者在冲突继续的同时出现了融合的趋势[9]。高等教育三大职能中究竟哪个最为迫切和重要或者说如何把这三者完美融合仍然是高等教育领域颇具争议性的话题。

3.学术精神成为现代大学的核心

纵观西方大改革历程可明显发现，正确认识、处理大学的传统与变革及其相互关系，是大学保持生命力的关键所在。正如弗莱克斯纳所说："现代世界无论有多新，总是扎根于过去。过去是我们赖以生长的土壤……只有蠢人才会忽视过去。另一方面，稳步增长的科学的、民主的和其他方面的力量正在创造一个不同的世界，对此大学必须加以考虑。"可以说，传统与变革的互动，构成了19世纪以来西方大学改革的永恒主题。实际上，当我们仔细审视过去西方大学的改革史时，便会得出这样的结论：变革恰恰是大学为延续其传统而进行的自我更新与完善。经过变革，大学的传统不仅未被削弱，反而更为充实和丰富，甚至变革本身也成为大学传统的内在组成部分——正是通过柏林大学的改革，洪堡所倡导的学术精神才成为现代大学最为核心的传统内容[10]。由此看来，至少对大学而言，变革是一种使其传统以更具活力的形式适应社会和时代变迁，进而保持大学传统生命力的发展方式。诚如克拉克·克尔所说，通过变革，大学的"教学、学术研究和服务这种永恒的主题，以一种或另一种结合的形式继续存在"。在发展进程中，秉持和弘扬大学的传统内核，是永葆大学生命与活力的精神源泉。现代大学已经成为社会进步的核心动力，知识的保存、传播、创新，文明的传承和进步，人才的发掘与培育，科学的发展与技术的更新，文化的国际交流，无不以大学为基础。随着时代的发展，大学的职能也在不断扩展和变化，但大学绝不能因此而成为社会现实需求的简单回应，它在长期的历史发展过程中所形成的开启智慧、追求真理、传播知识、弘扬文化的重要使命应该得到永久性的坚守，并且在变革中进一步巩固和充实[11]。

1.2 中国高等教育发展历史概述

1.2.1 中国高等教育发展之初

我国的高等教育源远流长。在其数千年的发展演变过程中经历了四次重大的发展，每次变革都是在特定的政治经济文化背景下进行的。

1.官学崩溃，私学兴起，教育得到初步发展

我国教育的第一次重大发展是春秋战国时期官学的崩溃与私学的兴起。在春秋战国时期，社会经济、政治和文化等各方面都发生了剧烈的变革，教育制度也随之发生很大变化。当时社会生活大动荡，连年不断的战争使西周的奴隶制学校遭到严重破坏，国家设立的官学日趋崩溃，受奴隶主贵族垄断的"学在官府"的教育逐渐走向没落，形成了"学在四夷"的格局[12]。全国没有统一的政权，统一的教育制度更是难以建立。官学衰废了，流散在四方的王官失去了世袭的特权，为了养家糊口，只有出卖知识。而社会剧变中没落的贵族子弟，新涌出来的新兴地主分子和挣脱枷锁的自由民，又迫切需要学习文化知识。这两种主客观条件的结合，促进了各地私学的诞生。而当时一些思想家也需要借助私学这种形式来宣传自己的学说，扩大本学派思想的影响[13]。

当时，学术思想界的著名学派，如儒家、墨家、道家、法家等都设立私学，聚徒讲说，"上说下教"。其中孔子所创办的私学弟子三千，是当时办学规模最大、教学内容最充实、教学经验最丰富、培养人才最多、影响最为深远的一所。

孔丘私学实行"有教无类"的办学方针，扩大了教育对象的范围，促进了儒学的传播和文化的发展，使儒家思想成为当时学术思想的主流（曾被称为"显学"），并且深刻地影响着中国几千年的政治、经济、文化和教育的发展[14]。私学的自由办学、自由就学、自由讲学和自由竞争也促进了各学派的发展和先秦时期"百家争鸣"学术氛围的形成。私学的诞生和发展，打破了教育为奴隶主阶级所垄断的局面，促进了学术下移，平民子弟有了入学的机会，"有教无类"使教育对象扩大了；各家私学都有自己的教育思想，有自己的教育实践，在其发展的过程中积累了丰富的办学经验，总结了系统的教育理论；私学促进了学术繁荣，形成了生动活泼的"百家争鸣"的局面。所以说，私学的产生是我国古代教育发展史上第一次质的飞跃，其重大意义不可低估。

2. 人才缺乏，官办和私学并行发展

我国高等教育的第二次重大发展是汉代太学的建立。汉初实行"无为而治"以"休养生息"，经济得到了恢复和发展，政治上出现了汉景帝平息"七国之乱"后的安定局面。而汉武帝于公元前 140 年即位，他汲取了"七国之乱"的教训，立志要把汉初那种"无为"政治变成一种具有进取精神的政治。此时的私学相当繁荣，但培养的人才规格各异、思想不一，很难满足国家对统治人才的要求。为了保证统治思想的高度统一，满足人才缺乏的客观需要，历来强调"文事武备"的儒家学说和汉武帝的政治愿望相契合。于是，汉武帝接受了儒生董仲舒"独尊儒术"的建议，"兴太学以养士"。董仲舒指出："故养士之大者，莫大乎太学；太学者，贤士之所关也，教化之本原也"。"臣愿陛下兴太学，置明师，以养天下之士。"公元前 136 年置五经博士（《诗经》《尚书》《礼记》《周易》《春秋》）。公元前 124 年，开始"为博士置弟子五十人"，至此，太学正式建立。以后各代王朝都依例设立，此意味着以经学教育为基本内容以培养高级统治人才（高级管理专门人才）的国立高等教育制度的正式确立。与此同时，私立高等教育机构仍然存在。于是，在办学模式上就形成了官办高等教育（国家办学）和私立高等教育（社会办学）机构并行的双轨制[15]。

3.书院兴起，大学教育形式初步萌芽

中国高等教育的第三次重大发展是书院的兴盛。书院是中国封建社会后期兴起的一种大学教育形式，萌芽于唐末，发展于宋明，普及于清代。它以培养人才为宗旨，以繁荣学术为己任；其培养目标是做人而非做官；强调教育的着眼点在如何做人，要求学生通过"存天理，去人欲"的修炼过程，具备完善的人格；管理模式不拘一格，教学体制相当灵活，教师可以自由讲学，学生可以自主择师入学，并提供学术交流，以文会友；书院在"山长"的执掌下，采取比较自由的教学方法和弹性的教学方式，很能营造出一种令人向往的学习氛围。南宋时期著名教育家朱熹曾编订《白鹿洞书院学规》颁行于白鹿洞和岳麓两书院，对书院的制度化和规范化管理作出了重要的贡献。相对于中央官学来说，书院是另一种办学模式，它的办学经费来源既有官方的拨款和赐给的学田的收入，又有私人的捐款和赠物[16]。它既不是完全意义上的官学，也不是纯粹的私人办学，可以说是两种办学模式的结合。这样既保证了办学有稳定的物质保障，又不受官方的限制，从而可以按照自己的想法去培养学生，形成了独特的办学特色。当官学日渐衰微的时候，书院承担起了培养人才、发展学术和创新文化的重任，这在中国高等教育发展史上是前所未有的，并对后世高等教育的发展产生了积极影响。

4.洋务学堂兴起，近代大学教育正式诞生

中国高等教育的第四次重大发展是近现代意义大学的诞生与发展。"近代中国教育基本上是在政治动荡的背景下进行的。"中国近代的高等教育，是伴随着洋务运动的开展以及洋务学堂的兴办而发展的，始于鸦片战争后的洋务运动和维新运动时期[17]。1862年京师同文馆成立，是我国近代高等教育的萌芽。1898年京师大学堂的创立，标志着我国近代大学教育的正式诞生。1904年，《奏定学堂章程》（"癸卯学制"）正式确立了我国近代性质的高等教育制度。中国近代高等教育在"中学为体、西学为用"的思想指导下，以"谨遵谕旨，端正趋向，造就通才"为宗旨，注重实用科学，培养实用人才。

"中华民国"时期，在已有大学的基础上进行改良和完善，创立了一些与近代社会和经济发展相适应的综合性大学[18]。其间，蔡元培以"思想自由""兼

容并包"为方针对北京大学的改革最引人注目，短短的五六年时间就使自由研究学术蔚然成风，学校面貌焕然一新。新中国成立后，在继承改造原有高校的同时，创立了一大批新型高校，使中国高等教育步入了一个新的时期。20 世纪后 20 年，中国高等教育的办学体制从高度集中的政府办学的单一模式走上了政府和民间多元办学的路子，在逐步改革中进入了高速健康发展时期。中国的高等教育步入了新天地，开创了中国高等教育的新时代。

中国高等教育的四次重大发展的原因、特点及其反映出的高等教育发展的规律，对我国当前正在进行的高等教育发展进步有着重要的启迪和借鉴。一是深化教育体制改革——转变政府职能，实行"政校分开"。当前我国社会正处于社会主义初级阶段，经济高速发展，为高等教育的大发展奠定了良好的基础。"科教兴国"战略正切实落实，深化教育改革已成为社会发展的要求和广大国民的共识。而教育体制制约着整个教育事业的发展及教育制度和教育结构。此时，我国高等教育体制改革的目标之一就是要建立适应市场经济的具有弹性的体制，高等教育与社会的需求形成良好的互动关系，成为促进经济发展保持社会稳定的重要因素。《中国教育改革和发展纲要》规定，教育体制改革的任务是"建立适应社会主义市场经济的体制，更好地为社会主义现代化建设服务"。在知识经济的条件下，高等教育具有多样性、复杂性和专业性，决定了高等教育活动的主体只能是高校与社会，决定了政府的教育职能是指导、监督和推动，决定了高校要真正成为面向市场依法自主办学的事业法人。多样化的办学模式能有效地提高社会各方办学的积极性，充分发挥各方面办教育的主动性，并且能结合本地实际进行教育改革，办出自己的特色。可以使地方充分参与对教育事业的管理与监督，以提高效益[19]。鼓励社会各主体投资办学、集资办学、合作办学，形成投资主体多元化、投资渠道多样化、管理方式多样化，形成以国家办学为主、社会各界参与办学的投资模式。无论如何变化，我国的高等教育始终保持着培养高素质、高水平、高创新人才的理念。

1.2.2 现阶段我国高等教育概况

受历史、体制和文化因素的影响，大学与政府之间存在密切的行政化关系。

别敦荣教授强调，自 1949 年以来，政府对高校的高度管理一直如影随形，使高等教育发展具有较大局限性，难以更好地服务国家和社会。

1.现阶段高等教育发展之初

从1980年至今，我国高等教育紧紧围绕"培养什么人、怎样培养人、为谁培养人"这一根本问题，全面贯彻党的方针政策，坚持社会主义办学方向，立足基本国情，坚持改革与创新，遵循教育与教学规律，以"迎难而上的勇气、敢为人先的锐气、开拓进取的志气"为支撑，以"开发人力、凝聚人心、完善人格、培育人才、造福人民"为目标，培养德智体美劳全面发展的社会主义建设者和接班人。民办高等教育从无到有、从小到大、从弱到强，表现出了顽强的生命力、持久的战斗力、旺盛的创造力。自2021年9月1日起施行的《中华人民共和国民办教育促进法实施条例》（修订版），印证了我国教育事业从"法制"向"法治"的转变，为实施教育强国战略、促进民办教育事业的科学发展，起到了决定性和关键性的作用，在全国形成了有一定规模的"多层次、多区域、多形式"民办高等教育体系，以注重质量为核心的内涵式发展模式将成为未来高等教育发展的主旋律。2020年，我国高等教育毛入学率超过50%，标志着中国进入高等教育普及化阶段。截至2020年6月30日，教育部发布的全国高等学校共计3005所(未包含港澳台地区高等学校)，其中：普通高等学校2740所，含本科院校1258所、高职（专科）院校1482所；成人高等学校265所。2020届全国普通高校毕业生规模达到874万人，同比增加41万人（见图1-1）。

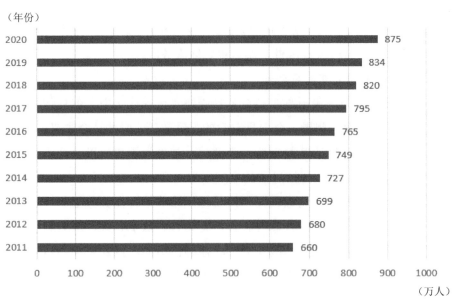

图 1-1　2011—2020 年中国普通高校（含民办高校）毕业生人数统计图

改革开放以来，政府将部分权力下放给高校，高校办学的自主性不断增强。但目前大学与政府关系的调整还没有完全到位，大学必须拥有更大的自主性[20]。改变大学与政府间的行政化关系需要走依法治教道路。政府应当依法将高校拥有的办学自主权完整地落实给高校，同时将赋予高校的权力完整地下放给高校。

高等教育层次结构的比例关系很大程度上决定了我国高等教育的发展程度。当前，我国高等教育面临着层次结构调整不平衡的问题。近几年来，我国专科、本科和研究生的在校生人数都有很大程度的提升，但是三者的比例仍然存在较大差距。由表 1-1 所示，2015 年我国专科生、本科生和研究生的在校人数分别为 104.9 万、157.7 万和 19.1 万左右，三者的比例关系约为 0.665：1：0.121，研究生比例明显偏低。经过几年的发展和调整，到 2019 年，我国专科生、本科生和研究生的在校人数分别为 128 万、175 万和 28.6 万左右，分别增长了 23.1 万、17.3 万、9.5 万，三者之间的比例约为 0.731：1：0.163，研究生人数的增长速度过慢，所占比重仍然偏低。高等教育层次结构调整不平衡，研究生规模增长速度不及本科和专科的增长速度，三者之间比例上的严重不平衡导致了本、专科毕业生就业形势严峻。本科生数量的急剧增加、专科院校培养定位不清晰与本科院校培养方式的同质化导致了专科毕业生严峻的就业问题。同时，由于研究生高层次人才的挤压以及自身规模的快速发展，导致了本科毕业生就业的严峻形势。

表 1-1　2015—2019 年来专科生、本科生、研究生在校人数统计

年份	专科在校人数（人）	本科生在校人数（人）	研究生在校人数（人）
2015	10486120	15766848	1911406
2016	10828898	16129535	1981051
2017	11049549	16486320	2639561
2018	11337005	16973343	2731257
2019	12807058	17508204	2863712

2.评定制度，助力高等教育发展

高校教师职称评定制度以及高校科研评价体制，在高校行政化、经济市场化和社会绩效文化共同作用下，存在着评定导向倾斜、评定标准单一等问题，使高等教育存在一定的功利化倾向。因此，要坚持弘扬师德的价值导向，促进评定内容的立体建设，完善业绩评价的激励机制，加强高校教师的学术管理。与此同时，随着教育评价改革工作的不断推进，高校科研评价体制也在向着更加科学化的台阶迈进，促进着高等教育质量的提升。南昌师范学院刘小强教授结合高校科研评价体制改革的具体实践认为，现代科研成果认定在成果形式、评价标准和评价主体三方面的突破，既触动了高校的科研评价体系，也反映出知识的转型，高校科研评价体系应从关注学术水平向服务经济社会发展水平转型。

人才培养是高等教育机构的核心职能。我国高等教育在教学实践中存在教育评价符号化、课堂教学空心化、主体关系冷漠化等问题。云南大学董云川教授认为，对西方学术体系的表面依附、大学身份及价值取向的迷失、高等教育管理的哲学贫困等是导致上述问题的主要原因。立足现阶段高等教育发展目标，需要深入思考我国高等教育机构在人才培养的具体实践过程中存在的问

题。华东师范大学阎光才教授指出，当前我国本科教学存在学生高阶知识能力掌握不足、公共课满意度低且逃课频次高、教师教学评价方式单一、师生互动匮乏、对学生个体知识基础和心理需求关注不够、不同类型学校的学生在学习观念上表现各异等问题。湖南师范大学高晓清教授以获得世界顶级科技奖的人数为标准，认为 70 年来我国科技创新人才培养与美、日、俄三国相比差距悬殊。济南大学韩延明教授认为，新时代建设和优化高水平本科教育，应坚定政治站位，明确"培养什么样的人"的根本点。南京大学龚放教授认为要将"学生为本"与"教师为要"并提，作为现代大学办学的基本原则。

高等教育质量的提升离不开有效的质量保障机制。湖南大学余小波教授追溯了 70 年来我国高等教育质量保障的发展历程，指出高等教育质量保障日益为人们所重视，但研究程度尚浅；政府在质量保障中作用突出，但社会、高校的作用发挥得不够；本科质量保障的重点地位已经确立，但实际成效不容乐观；评估评价作用受到社会各界的高度重视，但缺乏对多种质量保障手段的有效运用。汕头大学马凤岐教授关注高校内部的教学过程质量管理，认为目前高校教学管理部门僭越了教学工作规范、教学过程检查以及课程考核管理等具体教学实践环节。他指出，教育过程质量管理应立足于具备可靠研究基础的一般原则，但不宜提供具体规范，教育过程中的一些环节需要遵守一般原理和原则[21]。

3.高等教育中科研创新仍需要加快脚步

高校是我国创新体系的重要组成和科研产出的主力军，但在推进我国从中国制造变为中国智造构建高质量新发展格局中，对我国创新驱动发展的支撑和引领作用的发挥还不足。第一，我国高校普遍缺乏具有国际影响力、号召力的学术领军人物和取得标志性成果的高水平创新团队，尤其缺乏长期深耕基础理论研究的人才和团队。第二，针对我国重点发展产业和战略性新兴产业领域龙头前沿，高校科研人员的研究成果在重大原创理论、原创发现或颠覆性技术创新方面表现不足，对高水平交叉学科的研究探索不够，缺乏重大突破，难以引领产业的高端化发展。第三，世界知识产权组织、康奈尔大学、欧洲工商管理学院联合发布的《2020年全球创新指数GII》排名显示："我国的创新能力综合排名从2015年的第29名上升到2020年的第14名。2019年，

我国的国际专利申请量超越美国，成为全球第一。"[22]我国已成为引领世界
科技发展的重要力量，但和发达国家相比，我国的创新发展质量和内涵仍有
差距，基础研究的投入还有待加强，科研人员队伍亟须壮大。如图1-2所示，
根据世界银行统计，2018年我国的研发支出占GDP的比例为2.2%，超过英国、
加拿大，但与其他国家相比仍有不小差距；在每百万人口中，我国的R&D科
研人员仅为1000多人，远远低于其他发达国家，研发人员队伍还有很大缺口。
科技创新是破解我国高质量发展掣肘的最根本路径，关键核心技术特别是"卡
脖子"问题是攻坚克难的重中之重。第四，高校科技创新的评价激励机制不
完善，高校的考核晋升机制和成果利益分配机制影响了科研人员的创造性和
科技服务管理人员的积极性[23]。第五，创新成果转化机制不健全，我国高校
重大科技成果产出的数量虽逐年增加，但由于没有形成产业化的机制和通畅
的路径，很多具有超前领先价值的创新科技成果只能停留在实验室，停留在
科研论文和项目的结题中，潜在的提升产业链关键环节的技术成果不能被转
化为现实生产力。近几年，全国技术市场合同成交数不断上涨，但高校在全
国技术市场合同成交的占比与重大科技成果在全社会重大科技成果的占比一
样没有实质性变化（见图1-3）。

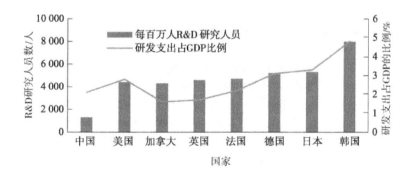

图 1-2　2018 年主要代表性国家研发支出占 GDP 比例与每百万人中 R&D 研究人员数

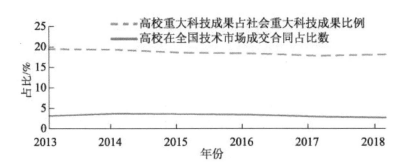

图 1-3　重大科技成果产出和全国技术市场合同成交中高校的占比

1.3 高等工程教育概况

　　高等工程教育是高等教育的重要组成部分，在我国经济发展、科技进步以及现代化建设进程中发挥着不可替代的作用。改革开放四十多年来，随着我国人口红利和承接世界制造业转移的双重叠加作用，我国制造业异军突起，我国一跃成为世界制造大国。同时，也对从事生产制造等专业技术的人才提出了巨大的需求。得益于此，一方面，我国高等工程教育在规模、人才培养层次、专业方向等都有急剧增长，这是量的显著增加；另一方面，师资队伍、专业认证建设、创新创业能力培养等关于高等教育内涵式发展方面也取得长足进步。

1.3.1 供给规模持续扩大，与经济建设的协同性显著增强

　　当前，我国已经建成世界最大规模的工程教育体系，高等工程教育在整个高等教育中的比例也处于世界第一位。2010—2019年，我国高等工程教育供给规模持续扩大，高等工程教育在校生规模在整个高等教育中的占比始终保持在三分之一以上。这表明在新经济蓬勃发展的背景下，我国工科在校生总数实现了规模性增长。十年间，我国高等工程教育供给规模的环比增长速度波动起伏较大，其主要原因在于统计口径的变化、国家政策的调整和新计划的实施。2013年，由于"卓越工程师教育培养计划"的实施，本科工科布点数量大幅增加，使得工科在校生总规模的环比增长率在2012—2019年间首次出现峰值

（5.19%）。随后几年，我国高等工程教育供给规模的环比增长速度出现不同程度的小幅下降，为推动内涵式发展留出空间。2017年研究生在校生的统计口径发生变化，使得工科在校生总规模的环比增长率在十年间出现第二次峰值（5.24%）。2019年，中国特色高水平高职学校和专业建设计划（简称"双高计划"）正式启动，同年高职院校扩招100万人，普通高校工科专科在校生人数急剧增加，工科在校生总规模的环比增长率再次超过8%（达到8.24%）。2020年《政府工作报告》提出，"2020年、2021年两年高职院校继续扩招200万人"，工科专科生数量将进一步增加。由此可见，政府调控仍是现阶段高等工程教育规模调整的主要驱动力量，也表明我国正加大高素质技能人才的培养力度，增强人才供给与经济建设的协同性。

1.3.2 层次结构持续优化，人才培养重心上移

随着产业发展层次的不断提升，人才供求关系也势必调整，这就需要优化人才结构来推动产业的发展。2010—2019年，我国高等工程教育层次结构持续优化，人才培养重心上移，专科层次所占比例小幅降低，本科层次与研究生层次所占比例有所提高。2012年之前，研究生层次所占比例最低，处于我国高等工程教育层次结构的"塔尖"；本科层次占比仅次于专科层次，位于高等工程教育层次结构的"塔身"；专科层次成为我国高等工程教育的主体，处于高等工程教育层次结构的"塔基"。近年来，许多从事工程教育的高校以服务地方经济和市场需求为导向，创新本科专业内涵，转向培养适应性较强的应用型本科人才。应用型本科教育的发展为本科层次的工程教育提供了新的动力源。根据相关报告，截至2019年年底，全国高新技术企业超过22.5万家，科技型中小企业超过 15.1万家，分别比上一年增长约24%和15%，行业发展对高级研发人员和工程管理人才的需求量也随之增加。十年间，我国高等工程教育积极适应经济发展，不断优化层次结构，提高培养重心，为先进制造业与现代服务业发展提供有力的人才支撑，有利于推动我国经济实现高质量发展。但是，当前我国高等工程教育层次结构尚不稳定，呈现顶部尖、中间略鼓、底部次之的"纺锤形结构"。

1.3.3 专业设置更趋合理，新工科建设势头强劲

内涵式发展是我国高等教育进入后大众化阶段的重要特征，也是高等工程教育专业结构优化的内在要求。十年间，教育部对本、专科的专业设置进行调整，调整后的工科专业设置更加科学并与产业发展需求有机结合。如表 1-2 所示，在《普通高等学校本科专业目录（2012 年）》中，工科专业类由调整前的21 个增至 31 个；工科专业类别的覆盖范围缩小，如将之前的"轻工纺织食品类"1 个专业类，调整为"轻工类""纺织类"与"食品科学与工程类"3 个专业类。其目的是突出不同专业类别的特色与优势，便于高校按类招生以及按类培养，提升工程教育的专业化程度。同时，2012 年依照"以宽为主、宽窄兼顾"的原则对本科专业进行调整，调整之后工科专业数由 179 个减至 169 个，如将"航空航天工程""工程力学与航天航空工程""航天运输与控制"3 个专业调整为"航空航天工程"1 个专业。这一调整拓宽了工科专业口径，既有利于解决我国工科专业领域过于狭窄的问题，也有利于培养复合型工程技术人才，提高工程教育人才培养质量。

随着我国经济发展进入新常态，新工科建设势头强劲，与新兴产业相关的专业在校生规模扩张显著。从表 1-2 可以看出，在《普通高等学校本科专业目录（2020 年版）》中，工科专业数从 2012 年的 169 个增至 2020 年的 232 个，增设了"智能制造工程""虚拟现实技术"以及"海洋信息工程"等 63 个专业。这些专业都是结合各校的办学条件以及办学特色，满足行业和企业的特殊需求而设置的新工科专业。发展新工科既是立足国家当前"卡脖子"技术和顺应未来战略需求的正确选择，也是提高工程技术人才适应性的重要路径。

表 1-2　普通高等学校本科工科专业设置变化情况

年份	学科门类	专业类数	工科专业类	专业总数	工科专业数
2009	11	73	21	543	179
2012	12	92	31	506	169
2020	12	92	31	703	232

数据来源：根据教育部高等教育司《中国普通高等学校本科专业设置大全（2009 年版）》《普通高等学校本科专业目录（2012 年）》《普通高等学校本科

专业目录（2020 年）》相关数据整理。

1.3.4 专任教师总量不断增加，职称结构持续优化

强化教师队伍建设是推动高校学科专业发展、提高教育教学质量的重要一环。工程学科的发展需要建设一支数量充足、结构合理、工程经历丰富且素质过硬的教师队伍。近十年来，我国工科专任教师规模不断扩大，职称结构日趋合理，有力地撑起了世界最大规模的工程教育体系。从表 1-3 可以看出，2010—2019 年，工科专任教师队伍中副高级和正高级教师所占比例总体呈上升趋势，表明工程教育专任教师中成熟型教师有所增加。成熟型教师阅历丰富，胜任教学的能力较强，其所占比例增加有利于提高教师队伍的专业化水平。与此同时，工科专任教师队伍中未定职称教师所占比例也有所增加，说明越来越多的新任教师加入工程教育领域，不断为高等工程教育发展注入新鲜血液。

表 1-3　普通高校工科专任教师总数及职称结构占比

年份	工科专任教师总数（人）	正高级(%)	副高级（%）	中级（%）	初级（%）	未定职称（%）
2010	364646	11.97	29.29	38.60	15.50	4.64
2011	377044	12.27	29.60	39.69	13.95	4.50
2012	387410	12.65	30.13	39.98	12.79	4.44
2013	402946	13.09	30.59	39.64	11.69	4.96
2014	417211	13.35	30.96	39.49	11.02	5.21
2015	429019	13.57	31.32	39.15	10.55	5.41
2016	437642	13.79	31.53	38.86	10.06	5.76
2017	449963	13.96	32.06	38.52	9.44	6.02
2018	464333	14.36	32.39	38.26	8.92	6.07
2019	484534	14.66	32.60	37.76	8.43	6.55

数据来源：根据教育部发展规划司 2010—2019 年《中国教育统计年鉴》相关数据整理。

然而，总体上看，我国工科专任教师总数仍然不足，2019 年工科在校生总数占全国普通高校在校生总数的比例接近 40%，但普通高校工科专任教师所占比例尚不足 30%，这表明工科专业生师比偏高，不利于高水平工程科技人才

的培养及工程学科的长远建设。

本章参考文献

[1] 杨捷.我国外国教育史学科的发展与回顾探究[J].河北师范大学学报（教育科学版），2015，17（5）：5-11.

[2] 胡焰初.《欧洲地区高等教育相关资格认可公约》述评[J].武汉大学学报（哲学社会科学版），2007（1）：129-134.

[3] 单中惠.约翰·杜威的心路历程探析——纪念当代西方教育思想大师杜威诞辰150周年[J].河北师范大学学报（教育科学版），2010，12（1）：33-38.

[4] 许庆豫．国别高等教育制度研究[M].徐州：中国矿业大学出版社，2004：104.

[5] 王立.重点与趋势：外国教育史研究二十年（1991—2010）——基于博士学位论文的分析[J].高教探索，2011（5）：80-86.

[6] 单中惠.教育史是什么——西方教育史学家观点述评[J].河北师范大学学报（教育科学版），2014，16（2）：25-31.

[7] 张斌贤，林伟，杜光强.外国教育史研究进展：2010—2014年[J].教育研究，2016（1）：109-125.

[8] 孙卫华，许庆豫．"人性互动"：高等教育自由原则的理论依据——基于《论国家的作用》中人性思想的审思[J].现代大学教育，2017(2)：70-73，112-113.

[9] 郭晓辉．历史视野中西方高等教育职能的变迁——基于教育保守主义和自由主义的冲突和融合[J].河南农业，2020（24）：6-8.

[10] 周谷平．近代西方教育理论在中国的传播[M].广州：广东教育出版社，1996.

[11] 张雁．西方大学理念在近代中国的传入与影响[M].杭州：浙江大学出版社，2009.

[12] 刘立德．商务印书馆与中国近代教育（1897—1937）[D].北京：北京师范大学，2008.

[13] 杨建华. 20 世纪中国教育期刊史论[M]. 杭州：浙江工商大学出版社，2012.

[14] 侯怀银. 20 世纪上半叶教育学在中国引进的回顾与反思[J]. 教育研究，2001（12）：13-16.

[15] 李均. 中国近代高等教育研究史略[J]. 北京大学教育评论，2004，2（1）：99-103.

[16] 佚名. 教育部公布教育宗旨令[C]//中国第二历史档案馆. 中华民国史档案资料汇编：第三辑：教育. 南京：江苏古籍出版社，1991：22.

[17] 曲铁华，王美. 民国时期高等教育政策的历史演进及特点探析[J]. 现代大学教育，2013（4）：78-83.

[18] 佚名. 教育部公布大学令[C]//中国第二历史档案馆. 中华民国史档案资料汇编：第三辑：教育. 南京：凤凰出版社，1991：108-111.

[19] 安心，熊芯，李月娥. 70 年来我国高等教育的发展历程与特点[J]. 当代教育与文化，2020（6）：75-80.

[20] 郭建如. 高等教育管理研究与学科发展四十年：回顾与展望[J].高校教育管理，2019（1）：1-10.

[21] 柳友荣. 新中国成立 70 年来我国高等教育质量的政策文本研究[J]. 中国高教研究，2019（6）：40-47.

[22] 汪华，孙霄兵. 中国高等教育 70 年：成就与政策[J]. 中国高等教育，2019（12）：7-9.

[23] 习近平. 把思想政治工作贯穿教育教学全过程 开创我国高等教育事业发展新局面[N].人民日报，2016-12-09（001）.

第 2 章 现阶段高等工程教育发展中

实践教学体系的问题

2.1 理论教学体系与实践教学体系的论述

高等工程教育主要包括理论教学和实践教学两部分。传统的高等工程教育重视理论教学，轻视实践教学，实践教学从属于理论教学，实践教学的地位比较低，实践教学是不系统、断续的分块式体系。传统的实践教学的主要目的是验证理论和掌握理论，没有把培养学生的实际工作能力作为主要目标。传统的实践教学分实验教学、认识实习、生产实习、毕业实习，即四段式实践教学体系，该体系缺乏科学性、系统性[1]。因此，实践教学体系必须进行改革，以建立培养适应新形势下市场需要的人才模式。

高等工程教育的目标和本质是培养高级工程技术人才。数十年来，我国高等工程教育为行业和社会培养了大量国家建设与发展所需要的人才，支撑我国工业体系的形成与发展，在国家建设和产业发展中发挥了不可替代的作用。然而，由于受传统教育思想的影响和盲目照搬国外高等教育模式，我国高等工程教育存在培养方案科学化色彩浓厚、工程性缺失和实践薄弱等问题。特别是实施扩招后，高等工程教育中"工程弱化"现象更加明显。大多数高校的评价体系导向重论文、轻设计、缺实践、没工程的趋势，对学生的工程教育和创业训练重视和投入不足，校企合作不到位，企业不重视人才培养过程的参与。许多具有行业特色的工科院校出现了严重的去行业化现象，优势和特色淡化，同质化明显。一系列问题导致人才培养模式与人才需求之间的尖锐矛盾：一方面，学生的知识结构难以契合企业的实际需求；另一方面，企业技术人才出现断层，而这已成为制约企业发展的瓶颈。在这种情况下，高等工科教育回归工程本质乃大势所趋。2010 年，教育部根据我国现阶段高等教育存在的问题，结合国家产业发展与调整对人才的需求关系，启动了"卓越工程师教育培养计划"；2017 年，复旦大学、天津大学等高校提出了"新工科"计划行动，该计划行动将大大加快我国由工程教育大国迈向工程教育强国的脚步。该计划的宗旨是面向工业界、面向世界、面向未来，培养造就一大批创新能力强、适应经济社会发展需要的高质量各类型工程技术人才，为建设创新型国家提供人才支撑。

1.理论教学体系

课程理论体系是指"为实现学校教育目标而选择和安排的具有明确教学标准的教学内容，它一般是以某一学科或某种专门知识和理论为单位"。课程理论体系是教学的实施标准和依据，是为了达到教学目标而编写的理论知识，是通过教材来规范、体现和呈现的知识，是一般化的理论，不是拘泥于某本教科书的知识，是在实践基础上对具体现象的抽象，是揭示事物普遍性、规律性的知识，具有概括性、抽象性、普遍性的特点。教学是传授知识的方式和途径，是理论知识通过一定的途径、方式和技巧实现对学生的有效教育。课程理论体系不能直接实现教学目的，必须通过教师这个中介环节的转化，构建符合认知规律的教学范式体系，才能实现学生知识体系的建构，达到应有的教学效果。教学过程实质上表现为课程理论体系、教学范式体系和学生知识体系三者之间的关系。

课程理论体系是教学传授的知识结构和内容，是教学范式体系的根据。课程理论体系的建构是遵循实践到理论的思维模式，是对具体的、感性的、丰富的客观对象抽象的基础上进行的理论概括，是从具体到抽象的过程。理论知识具有概括性，是研究隐藏在具体现象背后的规律，是让学生把握世界本质规律的知识，只有让学生理解、知晓这些规律性的知识才能真正地认识世界，从而改造世界。因此，课程理论体系是确定教学任务的基本依据，是衡量教学目标的主要标准。教师没有对课程理论体系的深刻理解，不能掌握理论知识的根本特征，就无法实现向教学范式体系的转化。教师只有真正理解并掌握了课程理论，并且能够在深度和幅度方面拓展，才能吃透这一知识体系，这就是我们在教学中要求教师必须吃透教材。

2.实践教学体系

实践教学在人才培养体系中贯穿始终，是培养学生的实践能力、创新能力、就业能力以及创业能力的重要途径，是人才培养的重要支撑，也是学生综合素质培养的重要平台，它关系到高等教育的可持续发展。实践教学是高等工程教育发展中不可缺少的重要环节，也是高等工程教育教学改革的重要课题之一。提高实践教学质量是高等工程教育改革的"核心"和"突破口"。

在经济改革、教育改革和全球经济一体化发展的今天，积极探索高等工程教育人才实践能力培养的途径，对于培养具有创造性的人才、实现高等工程教育可持续发展具有重要的现实意义。高等工程教育实践教学体系的构建及实践教学教育模式的创新，需要在研究中实践，在实践中不断探索和完善。

科学、合理的实践教学体系的构建应遵循下面的原则：贯穿性原则、层次性原则、交叉性原则、动态性原则、多样性原则及区域性原则。也就是说，职业能力的培养应始终贯穿实践教学的各个环节，这也是构建实践教学体系的逻辑起点；根据高等工程教育人才培养目标和特点，系统设计实践教学体系结构，确定实践教学活动要素；把综合实践能力、应用能力和创新能力的培养作为教学的重点和交叉点，摆正实践教学与理论教学的关系；密切关注实践教学对整个教学体系的影响，不断优化和调整实践教学体系的结构；制定与职业岗位标准和专业差异性相适应的多样性的实践教学体系；高素质高等工程教育人才的培养要贴近当地的经济发展和社会需求，其内涵的拓展和变化要适应当地经济建设的需求，实践教学体系要适应地方产业结构及技术水平，同时还应具有一定的前瞻性。

3. 相互关系

理论与实践相结合是马克思主义理论的一般观点。实践是人类认识世界的基本方式，"人的思维是否具有客观的真理性，这不是一个理论的问题，而是一个实践的问题。人应该在实践中证明自己思维的真理性"，"全部社会生活在本质上是实践的。凡是把理论引向神秘主义的神秘东西，都能在人的实践中以及对这种实践的理论中得到合理的解决"。实践教学体系是手段也是目的，理论教学体系必须与实践教学体系相结合。教育是追求真理的过程，实践教学既是验证理论的过程，也是发展理论的过程。理论教学到实践教学的转化，要在实践中检验真理，在实践中探索真理。这也是认知过程的一般规律，回到实践就是回到了理论产生的源头，就是从实践去审视检验理论。教学回到实践让学生不再面对抽象的理论说教，在鲜活的世界中观察和思考理论解释的真伪，在实践探索中思考客观规律性。

4.本质特征

实践教学体系可划分为实验教学、实习实训两大组成部分。传统的实验教学的目的是验证理论，且验证性实验占比很高。由于实验教学从属于理论教学，因此在教学计划中也是隶属于某一门课，实验课成绩只占该门课程成绩的很小比例，使实验教学成为一种"陪衬"。传统的各种实习和专业实践，同实验教学一样，达不到预期效果，其原因自然是其教学地位低，教学体系不合理，教学内容单调，缺乏系统性和连贯性[2]。过去多数实习基本上是走过场，学生得不到工程实践及技能的锻炼，实践效果差。再加之目前经济形势对学生实习和实践的制约，实践教学的实现非常困难。可见，传统的教育思想和教学体系与技术应用性人才的培养是不相适应的。要培养适应 21 世纪人才市场需要的高素质、富有创新能力的人才，必须在高等工程教育中设置相对独立的理论教学体系和实践教学体系，并对实践教学体系和内容进行改革。

工程实践是工程教育的重要特征，中国工程院院士涂善东在《过程装备与控制工程概论》一书中指出，工程教育要回归工程，"将军是战场上打出来的"，一流的工程科技人才是在工程实践中磨炼出来的。新时代背景下，高等教育改革和创新的重点是工程实践改革，工科专业要面向建设创新型国家的目标培养工科人才[3]。过程装备与控制工程专业的教学目标是使学生以过程装备设计与制造为平台，应用自动控制技术，研究和开发过程工业中的成套装备。为了培养能适应社会发展，具有自主学习、实践和创新能力的新时代专业人才，本专业基于 OBE 理念，按照"反向设计，正向实施"的工程教育模式，围绕"装备主体，优化控制，服务过程"的专业设计理念，进行统筹规划和系统设计，使专业课程体系教学目标完全覆盖 12 条毕业要求。

2.2 集中说明实践教学体系的问题

21世纪以来，新工业革命加速进行，新工科建设势在必行。2017年6月9日，教育部在北京召开新工科研究与实践专家组成立暨第一次工作会议，全面启动、系统部署新工科建设。30余位来自高校、企业和研究机构的专家深入研讨新工业革命带来的时代新机遇，聚焦国家新需求，谋划工程教育新发展，审议通过《新工科研究与实践项目指南》，提出新工科建设指导意见。《新工科建设指南（"北京指南"）》明确提出："树立创新型工程教育理念，提升学生工程科技创新、创造能力。"这意味着满足未来技术和产业发展新趋势的工科人才必须具备运用和迁移多学科知识并能复合创新的能力。当前国内高等工程教育中，实践教学面临的挑战是应对新一轮科技革命和产业变革的变化，主动支撑服务新经济、新产业、新业态的发展。这要求专业实践教学必须与产业界的技术变革与创新、工程实践的发展与挑战、工程产品应用与服务形成良性互动，从而体现出社会经济发展与多元化、创新型工程人才培养的强相关性。由此可见，专业实践教学在工科学生能力培养过程中扮演着更加重要的角色。

2.2.1.实践教学在其中地位不容忽视

世界发达国家为适应现代化工程的要求，十分重视本国的工程教育研究和改革，并且已形成了各自比较完善的培养体系和科学的培养模式。目前，国际工程师培养主要分为以下两大模式：（1）以美国为代表的《华盛顿协议》成员模式，即大学生在校期间着重进行工科基础教育，毕业后由社会提供工程师职业方面的教育，并通过专门的考试和职业资格认证后成为合格的工程师；（2）以德国和法国为代表的欧洲大陆国家模式，即大学生在校学习期间就要完成工程师的基本训练，毕业时获得工程师学位，同时也是职业资格。两种培养模式虽然形式不同，但都注重实践教学，并较早开始进行工程综合训练。通过实践课程或项目的开发，将工程实际问题带入课堂，学生在企业接受实践操作技能的培训。高等工程教育十分重视实践技能教学。在国外许多工科大学中，实践教学占有很大的比例。如美国的斯坦福大学工程专业，各种实践性学分为 83 分，占总学分的 43%。其多层次的项目训练、多形式的课外实践构成了完整的实践教学体系，开放的实践教学环境、众多社会和企业的实习锻炼机会为学生提供了良好的能力培养平台。同时，学校具有特色的人文素质教育体系，既注重学生法律法规的教育，也注重表达能力、与人交流能力、协作精神的培养，将素质教育与专业知识学习有机结合。美国大学的工科教育以及强调专业基础理论教育、终生学习的思想、工程科学与社会和环境协调的思想、工程实践中的责任感和职业道德的教育形成了鲜明的特色。在德国的工科教育中，实践教学地位举足轻重，在教学计划中占有大量学时。斯图加特大学机械工程系基础学习阶段的课程实践练习课与讲课比达到了 1∶2，专业学习阶段比例更高，各种生产实习就有 26 周，由此保证了工程教育的特色和特点。

2.2.2 实践教学中缺乏"实践"

新工科以"应对变化，塑造未来"为建设理念，这使得专业实践不能只依靠理论教学。理论教学的形式包括学生通过理论学习进行印证，使他们熟练掌握专业必备知识，或引导学生进一步深入探索与产业发展相联系的理论课程知识内容并在此基础上尝试创新。当然，确保教学环节能够有效培养工科学生的工程思维和各项专业能力，离不开对实践类课程的合理设置。然而，在部分行业高校中，工程专业实践环节的设置占比较小，且常以"验证"理论、动眼不动手的"参观"为主，缺乏对学生操作能力、创新思维、专业技能实践和工作能力养成的有效关注，这不仅未能"将产业和技术的最新发展、行业对人才培养的最新要求引入教学过程"，缺失对新工科人才核心素养的有效把握，更缺乏对学生家国情怀、社会责任感、全球视野、跨文化交流的沟通能力、法治意识、生态意识和工程伦理意识等"软"能力的培养。部分高校专业实践教学的基本做法是教师带领学生"验证"理论课程的关键知识点，或者仅从技术操作的层面引导学生思考实验的改进措施，而较少关注学生在实验实习中可能会存在对潜藏风险的忽视、对生态可持续发展的忽略、对个人责任践履的淡漠、与合作者难以有效沟通等问题[4]。尤其在实习环节中，学生的"实践"体验往往停留在走马观花的"参观"和"浏览"，即使需要"动手"操作，也是按图索骥、照猫画虎，依照指导手册的规定步骤完成，几乎未能将实习内容与相关行业的生产实际和应用相联系。此外，部分高校的专业实践基地设备供应老旧，实践带训教师的不足更是无法将有效的操作教授给每一名学生，无法实现"主动对接地方经济社会发展需要和企业技术创新要求，把握行业人才需求方向"的新工科专业实践要求。

伴随着我国工程实践的迅猛发展，我国工程职业化步伐不断加快，特别是在注册工程师制度建立、工程职业技术规范和行为规范制定、工程职业社团组建等方面都取得了显著的成绩。但是，与之形成鲜明对比的是我国工程教育与工程职业化严重脱节，特别是对于工程职业化必备的工程经验获取、工程规范习得以及工程职业身份认同在现有工程教育中呈现弱化，工程人才从完成学校的专业学习到实现职业生涯发展的良性路径尚未形成。个体直接经验被贬抑将会直接导致社会活力和创造力的丧失。作为工程人才职业生涯发展动力源泉的工程经验习得，在现有的工程教育中并没有得到充分的重视，因而学生无法获取工程经验从而为日后的职业生涯发展提供动力支持。职业规范不仅包含显性规范，更包括道德规范等隐性规范。职业身份认同是指一个人对自己职业角色的理解。工程人才职业身份认同与工程人才的责任与肩负的使命密切相关，工程人才肩负着保护和促进公众安全、健康和福祉的崇高使命。职业规范习得和职业身份认同教育不仅包含着显性教育，更为重要的是一种隐性教育，要科学地内化于工程教育之中，通过工程人才在工程实践中自我建构达成。现有的工程教育轻视职业规范习得和职业身份认同，存在着将职业规范习得、职业身份认同简单地等同于讲授工程技术手册和行业行为规范守则的倾向。工程教育与工程职业化脱节导致的严重后果，就是将学校专业教育和职业生涯发展割裂开来，健康良性的职业生涯发展被人为分割成从"学校—工作"再从"工作—职业生涯"的过程。"两端论"的工程教育模式将工程教育的关注焦点局限于"工作"而不是"职业生涯",工程教育片面地以满足学生的就业而展开,忽视学生对日后职业生涯发展的必然诉求。

2.2.3　实践教学与现实脱节

新工科建设以"新的工科专业"和"工科的新要求"为基本着力点,通过构建多学科交叉融合的知识体系以及变革创新教学组织模式,力求实现"通识+专业+双创"的深度融合,"促进科学教育、人文教育、工程教育的有机融合,培养科学基础厚、工程能力强、综合素质高的人才"[5],而国内部分高校短视的就业导向却与新工科的人才培养要求背道而驰,这使得工程专业实践教学与现实脱节。一方面,因为学校不能满足国内科技和产业发展变化对工程人才提出的新需求,难以对学生职业规划进行有针对性的引导,尤其缺乏对学生新经济、新产业背景下职业能力养成的关注,这使得大多数学生将专业实践视为"走过场"。高校即使开设了"就业指导"课程,也只囿于宏观层面的政策宣讲或对功利就业价值观的纠偏,甚至部分高校"就业指导"任课教师由辅导员或其他行政人员兼任,无论其自身的学识背景还是工作经历,都与工程各领域、各行业关涉甚微;加之灌输式教学不仅让学生感觉枯燥无味,而且也无助于学生认知和重视以新技术、新业态、新产业、新模式为特点的新经济所需的职业能力内容。另一方面,部分高校缺乏与时俱进的学生能力评价标准,大多以可供度量的统一的人才培养质量标准衡量毕业生就业或从业能力的高低与否。专业实践教学是高等工程教育中不可或缺的重要环节,它必须回应创新驱动发展、"中国制造 2025""互联网+""一带一路"等重大战略以及技术创新、行业发展与产业变革的最新趋势,着眼于中国工程行业发展乃至全球创新生态系统对人才的新诉求,面向全球范围内的科技革命和产业变革,锻炼、丰富、提升未来工程人才综合多元的职业能力与复合多样的职业素质。可是部分高校的工程专业实践教学,在知识结构上仅是对课堂理论学习的"检查",与当前行业最新发展的知识内容严重脱节;而且由于教师缺乏对产业和技术最新发展的持续关注,难以对工程实践主题进行知识迁移,导致在实践教学中呈现的是不连贯的知识"碎片",这不利于学生跨学科交叉融合知识和尝试创新创造[6]。在教学内容上，片面强调专业课程知识的理论扩充和动手操作技能的演示训练，普遍缺失对学生全面发展的考量，这尤其反映在忽略设计环节的伦理思考、对潜在风险的主动规避、如何进行负责任的合作沟通等工程伦理意识的培养方面。在教学方法上，往往沿袭课堂教学"教师讲授+学生接受"的单向教育模式，只是将课堂搬到了实习现场；"指令性"教学过程缺乏让学生主动思考、自主设计、能动实践、自觉检验并总结规律的相关环节。在能力培养方面，大多数高校的专业实践教学将学生需掌握的多方面能力简单度量为一系列可以达到的标准（分数），然后以分数的多少评判能力的高低，这不仅忽略了对学生使命感和价值观的引领，而且也忽略了对学生批判性思维、想象与创新、知识迁移与关联、宏观思维的培养。

工程职业属于专门职业。由于工程师具有其他人所不具备的复杂高深的专业知识和技能，所以在工程与社会之间形成一种契约：一方面工程师作为一种专门职业享有高度的自律；另一方面，社会也要求工程师应当具有更高的行为标准。随着工程实践对社会影响的不断加深，工程人才必须自觉转变自身角色，肩负更大的社会使命；不仅要成为工程技术的统治者、工程知识的守望者，更要努力成为社会福祉的创造者；不仅要关注工程中的技术应用的先进与落后，更要突破技术眼光局限，关注工程对社会和公众的影响；不仅要肩负起对雇主的忠诚、职业的忠诚，更要自觉树立社会责任意识，肩负起对社会的忠诚；不仅要努力实现"把工程建好"，更要着力"建好的工程"。随着工程人才自身角色、肩负责任的不断演进，工程伦理问题日益凸显，工程伦理学逐渐成为一门以工程活动中的社会伦理关系和工程主体的行为规范为对象的新学科。20 世纪 80 年代，美国工程与技术认证委员会（ABET）便明确要求，凡欲通过认证的工程教育计划都必须包含伦理教育内容；1996 年推出的美国工程师"工程基础"考试的修订本也包含了工程伦理的内容。美国工程教育学会（ASEE）于 1999 年发表声明强调：唯有新一代的工程师接受足够的处理伦理问题的训练，方足以在变迁中的世界承担作为一个负责任的科技代理人的工程师的角色，也唯有如此，工程师才能够在 21 世纪的专业工作中具有竞争力。法国、德国、英国、加拿大、澳大利亚等工业发达国家的各类工程专业组织也都制定了本专业的伦理规范。工程伦理学的发展对工程教育提出了新挑战，工程教育不能仅仅停留于知识传授和技能训练，还必须包括培养工程人才具有良好的职业精神和职业责任感。与国际工程伦理教育相对比，我国工程伦理教育起步较晚，学科建设、专业研究机构设置、专业研究队伍组建、课程与教学体系构建等方面都尚需完善，与国际工程伦理教育水平存在较大差距，在一定程度上存在着工程伦理教育缺位现象，导致我国工程人才缺乏自觉的工程伦理意识，与我国工程实践的快速发展极不相符，迫切需要加快工程伦理教育的研究与实践，转变工程伦理教育缺位现象。

2.2.4 现阶段实践教学难以培养学生多方面能力

《"新工科"建设行动路线（"天大行动"）》为高等工程教育的实践教学克服当前实践困境指明了方向。该"行动"提出要"把握新工科人才的核心素养，强化工科学生的家国情怀、全球视野、法治意识和生态意识，培养设计思维、工程思维、批判性思维和数字化思维，提升创新创业、跨学科交叉融合、自主终身学习、沟通协商能力和工程领导力"。这要求实践教学打破相对封闭的知识结构、单向度的教学模式、"指令性"的教学过程和以分数评价能力的惯性思维，以主动应对新一轮科技革命和产业变革挑战的积极态度，努力克服长期以来形成并固化的专业实践教学模式的片面性和局限性，主动面向行业、面向世界、面向未来，回应人才培养"具有较强行业背景知识、工程实践能力、胜任行业发展需求"和其他核心职业能力的新诉求。探索、建构专业实践教学人才能力培养的新机制。高等工程教育的实质是通过"赋能"使学生成为未来应用型和技术技能型人才的教育，这是一种既顺应全球化浪潮又呈现多元化特征的、促进人全面发展并赋予人追求美好生活能力的"成人"教育。这也说明了工程科技人才培养的卓越质量标准最终是以人才习得的多方面综合能力评价才具有实践性效度。

科学、技术和工程是既相互区别又相互联系的三个概念。李伯聪先生认为："可以简单地把科学活动解释为以发现为核心的人类活动，把技术活动解释为以发明为核心的人类活动，把工程活动解释为以建造为核心的人类活动。"其中工程技术架起了科学发现、技术发明与产业发展之间的桥梁。长期以来，许多人错误地认为"技术"不过是"科学"的应用，"工程"不过是单纯的"科学"的应用或"技术"的简单堆砌和剪贴拼凑。对"工程"概念认识上的误区，导致"工程人才"培养过程中存在简单套用"科学人才""技术人才"培养模式的错位现象。在知识与能力培养问题上，套用"科学人才"培养模式，过度重视知识传授；在能力培养问题上，套用"技术人才"培养模式，侧重技术应用能力培养，忽视实践创新能力塑造，工程教育不再以"工程"而是以"技术知识"为对象开展教育教学，丧失了工程教育的本质属性。"工程人才"是与"科学人才""技术人才"并存的三种不同类型的人才。虽然三者具有许多共同特点和成才规律，但在知识结构、能力结构、思维方式等诸多方面存在着显著的差别。"科学人才"以探索、发现能力培养为核心，重视对科学知识的掌握，思维方式体现为对现实世界的"反映性"，其肩负的使命是在理论的指导下"发现已经存在的世界"；"技术人才"以发明、应用能力培养为核心，重视技术应用能力的掌握；而"工程人才"则以实践能力、集成创新能力培养为重点，思维方式体现为对现实世界的"构建性"，其肩负的使命是在实践理性指导下"创造一个过去从来没有存在过的世界"。工程活动是经济要素、技术要素、社会要素、环境要素等诸要素的集成和优化的特殊活动。工程活动的本质特点及"工程人才"特有的成才规律决定了工程教育必须坚持以"工程"为对象，绝不能简单地按照培养"科学人才""技术人才"的思路和方法进行技术知识教育。

2.2.5 集中说明实践教学体系的其他问题

1.专业实践师资建设

地方院校区域局限性引起的各种资源不足，使之缺乏合理的专业实践教师队伍。理工科专业实践教师队伍建设是提高实践教学水平的重要方面，直接决定了实践教学的效果和应用技术型人才的培养质量。目前部分高校中缺乏一支年龄、结构科学合理的实践教师队伍，影响了教学质量。

2.校企合作和资源共享

地方院校与企业及其他院校合作力度不够，使之缺乏配套的实践资源。很多高校理工科专业由于实验室设置单一、实践基地不足，因此将不同课程实验放在同一个实验室里进行。实践教学不是简单地在软件环境上安装某个开发平台就能完成，需要多方面环境和网络工具以及校外企业设备才能完成，如果没有相应的实践设备、实践环境、实践仿真软件，实践教学根本无从谈起，从而也限制了实践过程中学生的自主创新能力的培养。

3.传统教学理念与教材配对

地方院校传统教学理念使之缺乏与理论教学配套的实践教材和教学内容。目前不少理工科专业实践教材存在的问题是没有与理论教材有效地配对，同时实践内容单一，能够提供给教师参考借鉴的内容很少。理工科专业课程实践教学中，现在使用的都是针对专业而自编的偏重于软件开发和仿真实践方向的实践教材，致使实践教学依然奉行传统的教学理念。

2.2.6 工程教育未来的发展路径

1.深化工程教育理论研究，恢复工程教育本质

长期以来，我国工程教育囿于科学教育和技术教育之中，以"技术知识"为对象，而不是以"工程"为对象开展教育教学，工程教育丧失了"工程"话语权，唯"技术知识"现象严重。工程教育的改革与发展要求广大工程教育工作者进一步深化工程教育理论研究，恢复工程教育本质。工程活动中内在地存在着许多重要的、深刻的哲学问题。哲学的一个重要目的是思考或展示另一种生活的可能性；工程的一个基本内容，是建构和实现另一种生活的可能性。由此可见，工程中蕴藏着哲学，工程需要哲学，工程教育更需要哲学。正如美国哲学家米切姆（Carl Mitcham）曾经怀着热烈的感情并模仿马克思的语调说："全世界的工程师，用哲学武装起来！除了你们的沉默不语，你们什么也不会失去！"以工程哲学为理论基础开展有助于进一步深化对工程教育内涵的认识与把握，特别是对于加深对"科学""技术"与"工程"分界问题的工程哲学本体论认识，有助于突破传统工程教育的藩篱，将极大地推进工程人才培养模式的构建与完善。因此，要针对工程教育实践中的现实问题开展对话、碰撞、反思，特别是从工程哲学、工程伦理学、工程社会学及教育学等方面对工程教育开展全方位、多维度的跨学科和多学科研究。

2.重视工程伦理教育，丰富工程教育内涵

为顺应国际工程伦理教育发展的必然趋势，近年来，我国对工程伦理教育给予了高度重视。中国工程院原院长徐匡迪说过："新的形势要求我们培养出新一代的优秀工程师。新一代工程师必须有高度的社会责任心和使命感，有新的工程理念和新的工程观。在培养新一代工程师时，必须重视进行可持续发展观的教育，而不能只注重技术，不能忽视文化传统和社会责任，工程师不仅要改造社会的物质面貌，而且必须为整个社会和人类的福祉服务。"工程伦理是贯穿工程教育的一个重要的维度，科学、合理地设置工程伦理课程是推进工程伦理教育的关键所在。在课程设置过程中，反对将工程伦理学视为可有可无的工程教育的附属品的庸俗化、简单化处理。工程伦理学可以采用独立设置课程的方式，也可以将工程伦理学融入其他工程教育课程体系之中。单独开设工程伦理学课程可以帮助学生在较短的时间内系统全面地认识和把握工程职业化过程中的伦理问题；融入式课程有助于学生结合具体的工程实践背景及工程史实，深化理解工程伦理与工程科学的密切关系。

3.开展注册工程师制度衔接教育，促进职业生涯良性发展

2001 年 1 月，原国家人事部、建设部出台《勘察设计行业注册工程师制度总体框架及实施规划》（人发〔2001〕5 号），标志着我国注册工程师制度的全面启动。注册工程师制度是我国工程职业化进程的重要举措，切实做好工程专业教育与注册工程师执业资格相衔接的教育有助于破解工程教育与工程职业化脱节的现实困境。工程专业教育与注册工程师执业资格相衔接，其关注的焦点从"工作"转向"人"，以人为本，注重人的主体选择和自我实现；其关注的视角从局部转向了全局，而不是局限于学生完成学校的专业教育实现就业，即"学校—工作"，而是更加关注学生的自我发展，进行职业生涯的规划与管理，即"学校—职业生涯"。与注册工程师执业资格相衔接，有助于学生在完成专业教育的同时，获取日后职业生涯发展的重要的工程经验，进一步习得工程职业规范，建构工程职业身份。它俯视学生个体发展，站在职业生涯发展的高度，视学校专业学习和职业生涯发展为一个完整的过程，有机地将"两段论"的工程人才培养模式统整起来，为学生日后获取注册执业资格打下坚实的基础。

2.3 疫情发展情况下的实践教学体系问题

工程伦理教育是塑造未来高素质工程技术人才的重要环节。在新冠肺炎疫情背景下，全球高校逐步探索出多种在线教育模式。在疫情常态化防控阶段，工程教育的教学方式探究与实践环节延伸。线上课程教学和课外实践活动并举有助于实现立德树人的教学目标，可为进一步开展工程融合式教学奠定基础[7]。

工程活动是科学技术影响社会发展的重要途径，指从设计决策到实施管理的全过程，其结果同社会的经济、文化、法律以及生态环境等诸多方面相互作用，密不可分[8]。现代工程科技人才不仅要夯实自身的理论技术水平，而且要具备较高的职业道德与伦理素养，因此全面推进工程伦理教育并提升工程教育质量势在必行。在对工程及其教育目标进行梳理的基础上，基于新冠肺炎疫情对传统线下教学的影响，对工程课程的在线教学方法及实践进行了总结和探讨，并对其融合式教学进行了展望。

1.项目驱动为主的教学方式面临挑战

"以学生为中心，以成果为导向"重点强调其自主性，而兴趣是激发学生自主性的核心。项目式教学是通过组织学生真实地参与项目设计、实施和管理，在执行项目的过程中完成教学，形成工学结合、任务驱动、项目导向的新型教学模式，是实践教学的有效手段。在新冠肺炎疫情背景下，面对以往与课程相衔接的校内外实习环节，教师在根据实验教学内容和实践基地的实际状况，设计对应教学内容并贴近工程实际的项目时，需考虑不同地域的疫情防控情况，适度缩小甚至取消实习项目，学生在选择分组任务时，自主性受到一定限制。另外，在专业课程设计方面，以往的"以赛促教""赛教合一"的传统在疫情的影响下，由传统的线下参赛衍生出线上对决的新模式。在毕业设计综合实践环节，更多地根据就近原则，选择学校附近的企业促进科研项目的推进，从而解决复杂工程或科研方面的问题。

2.发展虚实结合及内外相辅的实践教学模式

在新冠肺炎疫情的影响下，将视野更多转向校内，有效利用重点实验室等教育教学资源，依托专业设备，使学生完成近似工程实际项目的基本技能训练。加大 VR/AR 相关技术的研发力度，建立仿真实验中心，开发 VR/AR 专业教学系统，为学生提供身临其境的参与机会，弥补受疫情影响无法参与部分工程实验项目的遗憾，同时激发学生对需要特殊材料及大型贵重设备且难度高的的实训项目的积极性，提升高等工程教育实践教学体系的深度。

3.实践教学体系多元化评价和过程监控机制

根据疫情对实践教学体系的影响，针对实验、实践教学环节的变化建立多元化的内外评价机制。一方面，针对不同特点的实验、实践环节，围绕"培养学生解决复杂工程问题能力"的核心要求，设置更加灵活的多级培养目标和毕业要求，分项考核知识、能力、素质指标点，紧扣实验过程，针对实验设计、操作表现、开题、中期、结题或实验报告、认识感想、答辩等环节设计分项考核标准并对标评价，给出量化分数，从而计算实验实践教学达成度评价结果，实现多元化内部评价。另一方面，设计能力分层评价调查表，对用人单位和校友进行外部调查，分析在疫情影响下实践教学体系改革对学生职业能力培养的效果，科学评价新形势下的实践教学体系能否满足用人单位及社会发展的需求，推动高等工程教育更好地满足社会对有技术有能力的高素质人才的需求。

4.疫情下实践教学体系的挑战与应对

2020 年 2 月 28 日中共教育部党组公布的《关于统筹做好教育系统新冠肺炎疫情防控和教育改革发展工作的通知》（教党〔2020〕16 号）可知，高校既要为打好、打赢教育系统疫情防控阻击战继续严防死守，又要结合各高校实际，通过线上平台将教学工作科学有序地开展起来，为疫情结束后的线下教学作好充分准备。当前新冠肺炎疫情防控给高校创新创业教育既带来了挑战，又带来了机遇。新冠肺炎疫情防控期间，出现了学生精神压力较大、师生分散、学生线上学习终端差异大、教学监督难等新问题，需要面对和解决；同时，这些新问题也给高校创新创业教育带来了改革教学模式的新动力。所以对新冠肺炎疫情防控期间线上创新创业教育进行改革和实践十分必要，具有重要的时代意义[9]。

以我国西部一所高校为例，该校深刻领悟党中央、教育部及地方政府相关文件精神，一方面积极采取措施做好新冠肺炎疫情防控工作，严防死守，不留任何死角；另一方面，又借助互联网积极在教师中开展线上教学培训，确立了"稳定人心为重，思政教育为先"的指导思想，并准许教师在该指导思想下结合课程特点及实际灵活地开展创新创业课程及其他各类课程教学[10]，学校教务部门会定期对教学过程及效果进行检查和监督。

新冠肺炎疫情防控期间，线上教学虽然具有对教学时间和空间没有要求，学生可以随时随地打开身边的网络终端，下载相关课件进行网上学习，但也凸显出如下新问题：

（1）疫情防控期学生心理压力较大，难以集中精力学习。目前，国际疫情形势正处于爆发期，国内疫情虽有所好转，但形势仍然很严峻。在这种背景下，学生的心理压力来自三个方面：一是面对国际国内严峻的疫情形势，发现自己无能为力，倍感自己"无能"者有之，但有这种心理压力的学生不多；二是担心自己或家人可能会被染上新冠肺炎，因此亲人会失去自己或自己会失去亲人者有之，有这种心理压力的学生人数比较多；三是为了配合疫情防控，学生都自觉在家隔离，开学延迟，时间一长，一方面学生会感到无聊，另一方面学生会担心恢复开学后自己的学业跟不上，有这种心理上压力的学生也比较多。多种心理压力的存在，虽然对不同学生的影响程度不同，但对学生的学习精神状态有或多或少的分散影响。

（2）学生分散度大，课堂监管更难，实践教学开展难度大。以往实践课程教学基本在企业、校内基地开展，一般会以班级为单位开展学习，学习过程中有班委或者党员学生带动，相互之间也存在带动和监督作用。学生有没有学、学得认真不认真等学习情况基本可以通过班委及党员学生掌握。而新冠肺炎疫情防控期间，所有学生都自主隔离在家，十分分散，这种情况下开展线上学习，学生之间的相互带动及监督性大打折扣；教师虽然可以通过签到来掌握学生是否在线上课，但学生的学习态度及学习质量如何难以较全面地了解。每个学生的实践资源不统一，这就造成了线上课堂监管难度加大，安排的实践任务没法保质保量完成[11]。

5.疫情下工程教育教师教学应对策略

在疫情常态化防控背景下，工程课程的授课教师可以将线上教学和线下教学进行有效衔接。这既是为了满足常态化疫情防控的需要，也是对教师教学实践能力的考验。授课教师应依据学生居家"隔离"线上学习期间的学习效果和学情数据，制定出满足常态化疫情防控需要的工程课程教学预案，以实现教学内容的有效衔接。授课教师可针对工程课程的教学任务、教学目标、教学大纲并结合自身教学经验，将教材中学生较难掌握的知识点筛选出来，并对这些知识点进行设计，录制成"微课"，同时设置一些与知识点有关的讨论题。这种混合式教学模式能够增强学生的参与感以及对课程的兴趣。通过学生观看视频的时间、参与讨论的次数，特别是课上讨论，通过学习课程的全过程考核学生的平时成绩，而不仅仅是通过传统的课堂点名和交作业方式，使得平时成绩的获得更加客观全面。例如教材中工程项目管理模式这一节内容，由于课时的限制，授课教师在课堂上只能针对几种有代表性的模式进行优缺点的重点介绍，而实际上每种模式都有自身适用的项目场景，对学生以后工作都是非常有用的。鉴于此缺点，授课教师可以将工程项目管理模式这一节内容录制成微课，以解决课时短缺和全面了解知识点相互矛盾的问题。

授课教师还应结合国内新冠肺炎疫情防控的形势，能够根据防控形势的动态变化及时调整常态化防控阶段与应急防控阶段的教学方法，以适应阶段性防控要求。当疫情再次出现时能作好再次居家"隔离"进行线上教学的准备。同时，授课教师应以此次疫情为契机，倒逼自己进行课程教学改革，主动转变教学观念，在教学实践中不断探索线上和线下教学的关系，充分利用线上教学资源，积极构建优质的教学资源，提高信息化技术的运用能力，以满足线上和线下混合式教学的需要，实现线上和线下教学优势互补，打造线上和线下混合式教学新常态。

6.学校管理应对策略

在疫情防控常态化背景下，工程教育本科院校要服务好全校师生，做好线上与线下管理工作的有效衔接，做好线上教学培训工作，促进教师教学能力的提高，保障学生的学习效果。以疫情应对为契机，促进教师教学观念的转变，激发教师的教学热情，提高教师运用现代化信息技术的能力，促使自身提升治理能力，以适应常态化疫情防控背景下教与学的转变。经历了这场疫情，院校已充分认识到网络教学平台、平台功能、网络稳定性等对线上教学顺利开展所起到的重要作用。应借此机会不断对学校网络教学平台进行增速扩容与功能优化，重视实践类课程的录播与网络开发，保障各种形式、样态的线上教学。同时提前作好谋划，对师生进行线上教学培训，开展横向点带面、纵向多层次的培训。从课程资源建设到平台软件培训，从教学咨询案例分享到大规模在线学习与培训，开展教学管理部门人员培训、系/教研室主任培训、授课教师培训、学生培训。以工程课程为例，授课教师应当充分利用信息化技术进行线上教学的优势，从教学的各个方面引导学生进行课程线上自主学习。在这个过程中，授课教师应及时发现并解决学生学习过程中遇到的各种课程问题以及平台问题，为学生在线学习的顺利开展保驾护航。

2020 年突发的这场新冠肺炎疫情给全人类带来了灾难和不幸。对于工程专业教学来说，要在危中寻机，将疫情危机转化为教学变革的契机。针对疫情防控期间暴露出的线上教学问题进行深入改革，不断提升学校的治理能力和治理水平，重塑教师能力体系，将常态化疫情防控与信息化技术进行有机融合以满足日常教学活动的需要。同时，就工程课程教学而言，授课教师必须扭转教学观念，确立新的教学思想，不能仅从应对新冠肺炎疫情防控的短期视野来思考教学，而是要把握好常态化疫情防控与日常教学统筹推进的需求。同时要站在新一轮教育技术变革的高度思考教学，采取教学与实践相结合、促进师生良性互动、推动多元考核的模式，构建师生"线上+线下"学习模式，以实现教学质量的与时俱进。

本章参考文献

[1] 鲁业鸿，高星. 应用型本科"工程项目管理"课程教学改革思考[J]. 常州工

学院学报，2007，20（4）：75-77

[2] 于靖，徐心茹，周玲，等. 在工程实践中强化化学工程领域工程硕士的工程伦理教育[J]. 化工高等教育，2018（5）：6-12.

[3] 邹晓东，李恒，姚威. 国内工程伦理实践研究述评[J]. 高等工程教育研究，2017（3）：66-72.

[4] 于鲁汕，王平，黄昊飞，等. 化工专业"课程思政"教学融合的实践探索——在专业课教学中的政治思想与工程伦理教育[J]. 高教学刊，2020（21）：189-193.

[5] 丛培经. 工程项目管理[M]. 北京：中国建筑工业出版社，2012.

[6] 李安辉，邓婕. 新冠肺炎疫情防控中民族院校线上教学研究[J]. 民族高等教育研究，2020，8（3）：70-77.

[7] 谷中秀，华平. 疫情防控常态化背景下高职院校教育教学的变革与应对[J]. 河南教育（职成教），2020（9）：19-21.

[8] 闫新红，刘春艳. 基于学习共同体的高校翻转课堂建构[J]. 喀什大学学报，2019，40（5）：108-111.

[9] 虞乔木，郑东桦. 新冠肺炎疫情防控常态化研究[J]. 中国公共安全（学术版），2020（1）：65-68.

[10] 吴艳波，韩怀钦，刘志宏，等. 疫情防控背景下在线教学实践及其常态化的思考[J]. 医学教育管理，2020，6（5）：471-482.

[11] 郑萌萌. 疫情防控下高校在线教学的问题与出路——以中国矿业大学为例[J]. 煤炭高等教育，2020，38（2）：29-34.

第 3 章　工程教育专业认证概述

　　面对我国政府大力提倡的"大众创业，万众创新""中国制造 2025""新工科"建设以及"一带一路"等国家方略要求，工程师在我国科技人才的培养和企业的发展中发挥了重要的作用，而工程教育作为培育工程专业技术人员的重要环节，也应担当起这个时代的重任，为国家乃至世界范围内的工业发展培养和塑造可以引领未来科技和产业发展的专业人才。工程教育与产业发展联系紧密、相互影响。发展"新工科"，对接新兴产业，培养新型工程科技人才，既是当务之急，也是长远之策。2019 年教育部在深入推进新工科建设中指出：加快培养新兴领域工程科技人才，改造升级传统工科专业，主动布局未来战略必争领域人才培养。新工科建设凸显学科交叉与综合，注重工程实践能力和创新能力的培养。工程教育专业认证是工程教育水平评估的基本手段，有利于促进专业教育水平的持续提高。

3.1 工程教育专业认证历史与发展

　　工程教育专业认证起源于美国，历史较为悠久，在经历了漫长的发展后，客观上讲，整个认证制度的建立还是较为完备和健全的。从这一特殊而专门的工程教育专业认证组织机构性质看，它是经美国教育部认可的非官方组织机构，具体工作由美国工程与技术认证委员会（简称 ABET）牵头负责。ABET 组织成立于 1932 年，其前身是工程师专业发展协会（ECPD），ABET 从 1936 年开始从事工程和技术方面的认证工作。成立 ABET 是为了实现三个目标，即评议公众的意见、给目前或有计划进行工程教育的公共机构提供指南和促进工程技术教育在美国的发展。[1]工程专业认证的开展始于 1936 年，哥伦比亚大学、康奈尔大学等高校的相关工程专业得到了首批认证，历经长期改革与发展，ABTE 成为目前 29 个行业和技术协会的联盟。目前，这一认证组织在世界各国均有很高的公信力。该组织已建立了可信、可行、有效的四大认证委员会，即 EAC（工程认证委员会）、TAC（技术认证委员会）、CAC（计算机科学认证委员会）、ASAC（应用科学认证委员会），具体负责全美 550 多所大学约 2700 个学科专业点的认证事宜。其中，EAC 主要负责全美各高校工程类专业的认证，开展的主要工作内容包括认证政策、标准和程序的制定、认证的组织实施以及对认证进行管理等。1995 年 10 月，伴随美国工程院面向 2020 年的工程师必须具备分析、实践经验、创造、沟通、管理、伦理道德和终身学习等几个能力的提出，ABET 组织适时推出了 EC2000（Engineering Criteria 2000），即新的工程课程计划认证标准。这一标准的核心是，突出成就和目标评估的持续性改进过程，对课程计划改进的评估结果的利用[2]。这一工作的有力推进，使得美国工程教育迈上了一个新的台阶，并使该组织深受工程界及社会的尊重，展示出强大的生命力。全球 22 个非美国家均由 ABET 为其提供国际认证服务，并由 ABET 代表美国工程界与许多国家签订了工程专业相互认可协议，《华盛顿协议》（Washington Accord）就是其中之例。

与美国的工程教育认证制度比较相似，我国的工程教育规模巨大，体量位居世界第一，并已形成比较合理的高等工程教育结构和管理体系，满足了社会范围内对各种技术类型人才的大量需求。国内的工程教育与世界许多高校都一样，工科专业在校学生数已经高于其他专业学生人数的三倍左右。虽然我国的工程教育规模如此巨大，但工程教育发展仍然面临诸多由于高等教育扩招所带来的问题，例如：工程教育没有科学的发展定位以及发展策略、工程教育和社会行业脱离联系、工科课程设置和国家产业发展不匹配、工科师资力量较多以及工科教学资源投入较少等各类问题。此外，工程教育与工程师职业资格制之间存在大量资源不对等情况，对于工程教育的质量缺乏全面的评价体系。因此，为了切实了解我国工程教育的质量水平，由教育部主导的工程教育认证体系也逐渐发展起来。

早在20世纪的80年代中期，我国就已开始进行工程教育专业的评价活动，主要在一部分相关专业和课程上进行试点。在工程教育专业认证体系还没有建立的时候，土建类专业是我国高等教育评估体系中唯一进行试点认证的专业，也缺少特定的评判标准。从1988年开始，原有的建设部依据曾经国家教委提供的建议，开始在建筑学、城市规划、工程管理、建筑环境工程和给水排水等相关领域，建立了相应专业的评估委员会，大部分的评估文件便在此时制定，其中包括委员会的章程、流程、标准等，同时开始了相关试点工作[3]。2004年11月，中国工程院教育委员会向党中央呈递了"关于大力推进我国注册工程师制度与国际接轨的报告"，建议加快我国的注册工程师和国际接轨的步伐，同时建议我国加入《华盛顿协议》。我国成立了全国工程师制度改革协调小组，启动实施工程师制度改革和工程教育认证工作。2007年，我国创建了全国工程教育专业认证专家委员会，并且在我国开始建立与之相对的工程教育专业认证体系，认证的试点工作也在此背景下展开。全国工程教育专业认证专家委员会基于我国的具体发展情况，借鉴全球各国的发展经验，探索并设计出了符合我国发展所需的工程教育认证方法，具体涉及认证规范、认证流程、相关的政策还有方案等。

2013年6月，中国科协代表我国成为《华盛顿协议》临时签约组织成员，此后依据相关程序转为该协议框架下的正式成员。从我国开始工程教育专业认证试点工作以来，截止到2013年6月，我国已经对245个专业进行了认证。在我国努力开展国际互认的基础上，建筑学和土木工程两个专业的评估委员会分别与英联邦建筑师协会、美国建筑师注册委员会、英国土木工程师学会等有关组织签署了认证结果的双边及多边互认协议。2015年10月，我国也在民政系统下注册成立了中国工程教育专业认证协会（CEEAA），这是一个具有独立法人资格的社会组织。多年以来，在全国工程师制度改革和领导小组的领导下，在教育部、人社部、中国科协、中国工程院等政府机构和学术团体的齐力配合之下，在众多工程领域专家学者的研讨和支持下，在各个高校对于工程教育的不断探索和努力下，我国的工程教育专业认证体系逐渐形成，从相对简单和单一的认证标准和程序逐渐发展成为相对完备、与国际互认协议具有实质等效性的认证体系。2016 年 6 月，我国在通过《华盛顿协议》组织观察团现场观摩考查北京交通大学和燕山大学两所学校的专业认证现场后，同年，同意接受我国成为《华盛顿协议》组织正式成员国，标志着我国"走出去战略"取得重大突破，从跟跑学习到参与制定国际规则，在高等工程教育领域有了质的飞跃。

3.2 工程教育专业认证现状与问题

我国工程教育专业认证由中国工程教育专业认证协会组织实施，协会经教育部授权，成立于 2015 年 4 月，是由工程教育相关的机构和个人组成的全国性社会团体，目前有中国机械工程学会、中国兵工学会、中国地质学会等近 30 个行业协会会员，下设机械类专业认证委员会、计算机类专业认证委员会、化工与制药类专业认证委员会等 18 个专业委员会。到 2020 年，公布的我国高校通过工程教育认证的专业名单达到了 241 所高校、1353 个本科专业。

1.中国工程教育专业认证的主要目的

第一，专业认证的主要目的在于促进专业发展，评价专业人才培养是否达到既定质量标准，以及专业是否有质量持续改进提高的机制。第二，通过工程教育专业认证，可以加强工程教育和行业的联系，保证未来工程师合格的教育基础，推动工程教育与产业界协同育人。这点非常重要，因为工程专业、工程学科是应用性的，必须要和行业进行联系。一段时期，工程教育和工程界存在着一定程度的脱节，这也是教育部和工程教育界一直在着力改变的现象。第三，通过工程教育认证，加入国际工程教育学会，推动工程教育国际化，这与我国在 2016 年成为《华盛顿协议》的正式成员，目标是一样的。第四，通过工程教育认证，推动工程教育改革，提升工程教育质量。工程教育认证要实现的这些目标，从微观和宏观层面来说：微观是在学校里工程专业的发展问题，宏观是为企业界培养人才，为未来的工程界培养高水平的工程师。以上四个目标，实际上是推动工程教育和产业界协同育人。

从微观层面来讲，工程教育要实现两个目标。第一目标，因为工程教育专业认证是一种工科专业的外部质量保障办法，是国家层面的统一保障。目前，《华盛顿协议》已经有 21 个正式成员国，遍布亚洲、欧洲、美洲、非洲等世界各地。专业认证对于专业来说就是判断该专业培养人才有没有达到一个既定的质量，这是最基本的。同时，专业认证不仅仅评价本专业能不能达到标准，还要求专业对于人才培养质量不断地评价，不断地改进，这是一个动态的持续改进过程。

从宏观层面来讲，对行业的促进也非常重要。实际上，在国外非常多的国家，工程教育是由行业主导的，我国将其作为工程教育质量保障机制，是由教育主导、行业参与。其实，行业更加关注工程教育人才培养的质量，因为工程教育培养的是未来的工程师，工程教育是为未来公司提供工程师，工程教育合格不合格，工程教育水平高不高、质量高不高，就决定了未来工程师的水平高低。

2.工程教育专业认证为我国高等教育带来的转变

工程教育专业认证自 2015 年以来，从起步到扩大，越来越多的工程教育的专业融入其中，我国的工程教育从以下三个层面有所收获。

第一，推动了工程教育开门办学。工程教育认证是一种机制，推动了工程教育和行业、工程界的深度协同。到目前为止，有多家行业协会、学会组织参与专业认证，在 1000 多名认证专家里面，有 500 多位来自行业，并在专业认证工作中发挥了重要的作用。在学校的具体的教学活动中，行业专家也深度参与了教学文件的制定、实践教学等过程。

第二，推动了工程教育与国际接轨。现在，我国已加入《华盛顿协议》，工程教育专业认证也确定了国际实质等效的标准框架，分别是知识维度、工程能力维度、态度维度和通用能力维度。这是世界多个国家，特别是发达国家的工程教育与工程界历时十几年研究出的具有权威、具有代表性的工程教育人才培养的框架。知识维度，强调了工程知识应用的能力；工程能力维度，强调解决复杂工程问题的能力；态度维度，强调对职业素养、工程伦理、法律与社会等方面的意识与能力；对于未来工程师的教育基础，要强调通用能力维度，包括现代技术应用、合作协同、沟通交流、工程管理、项目管理等方面。通过《华盛顿协议》专业质量标准框架的引入，对我国工程教育标准的建设、内涵的提升起到一个非常大的触动作用。

第三，推动了中国工程教育改革。2015 年以来，可以粗略地将工程教育专业认证划分为三个阶段：第一个阶段是理念落地阶段，第二阶段是标准落地阶段，第三阶段是机制建立阶段。2005—2015 年，我国建立工程教育体系，启动工程教育认证试点，以学生为中心，以产出为导向，坚持质量持续改进机制，引领推动专业教育改革。以加入《华盛顿协议》、成为《华盛顿协议》正式成员为标志，我们引入了《华盛顿协议》的标准框架，整个工程教育认证从无到有，建立起评价标准体系、专业认证工作体系、持续改进评价体系，引领了近 10 年来的工程教育教学改革。

3.我国工程教育专业认证存在的倾向性问题

我国工程教育专业认证进入了第三阶段，即进入了改革深水区，这是我国目前工程教育专业认证的状态，需要改进。目前，我国工程教育存在的倾向性问题主要表现在以下四个方面。

第一，认证结果功利化。2017 年，中国工程教育认证协会、教育评估中心联合发布了通过认证的专业目录，在媒体上造成很大的影响，一些媒体炒作这是专业的一流方针，好像通过认证专业就是一流专业一样，这实际上是一个谬误。随着通过工程教育认证专业逐渐增多，有一些媒体又开始排名，把每一所学校通过专业认证的数量拿出来排名，当作办学质量的好坏评价标准，但是这种评价简单粗暴。再有，相同专业通过专业认证之后还进行比较，6 年有效期要比 3 年有效期的水平高，无条件通过要比有条件通过水平高，这也是一个谬误。实际上，通过专业认证，只能够说明这个专业的办学质量达到了既定的人才培养标准而已。不同专业有不同的标准，有不同的特色，通过认证并没有水平的孰高孰低。但是专业认证的通过条件以及数量的多寡，都容易造成攀比，从而形成一种功利化。

第二，认证目标评估化。专业评估，有的是学校常规的专业性评估，是学校的内部教学质量保障的机制，也有的是省级教育行政部门和其他主管部门组织的合格性的、评优性的行为。专业评估在我国专业认证制度出来之前，一直是评价学校、专业办学水平的重要评价手段，但是专业认证与评估对比来讲，存在本质区别。专业认证它是有特定含义的，专业认证主要是指对于专业的判断有没有达到既定的质量标准，有没有形成质量持续改进的机制。专业评估，可能是对于专业办学的资源投入、过程管理、培养效果的全方位的评价，也可以进行水平的比较。比如说就业率、课程、评价，这种专业评估往往根据学校的地位不同，教育行政主管部门的定位不同，呈现出一些临时性的，甚至还有一些运动式的特点。工程教育专业认证强调专业的发展，并不是通过认证就一劳永逸，需要专业不断的持续改进。但是可能因为有些专业对于工程教育认证认识不清楚，呈现出评估化的特征。

第三，认证过程形式化。这也是目前工程教育专业认证的一个特征。一方面，按照申请、受理、写自评报告、专家进校、给出结论的程序进行，但没有与学校的专业人才培养改革、专业人才提升关联起来，甚至只是一部分老师在准备材料，对于专业本身的改革和专业怎么提升没有任何改进，这是一种形式主义。另一方面，是一种应试性。专业认证有 12 条标准框架，每一项标准对于知识能力和素质的要求，落实到每一个专业其实都是不一样的。不同学校的同样的专业、同名称的专业，它的内涵也是不一样的，特点也不一样。没有深入的理解，不考虑内涵和落地，对于专业发展的指导是缺失的。这个标准就是人才培养标准，专业的标准就是专业特色形成的基础，所以要通过认证工作促进专业的发展，避免形式化。

第四，认证内容碎片化。认证标准有七大项 36 个指标点，每一个指标点还有具体的考查内容，但是专业在准备认证的时候缺乏系统性。专业在分解指标点后，由于缺乏对于认证工作要求的系统性认识，忘了什么是重点。专业认证应该强调落实主线和底线，特别是主线，就是以毕业要求为核心的反向设计、正向施工机制的建立。什么是底线？基于学生学习产出的评价机制的建立，就是底线。如果抓住这两点，实际上就是把教学的要素、过程串联起来形成了教学改进系统。

工程教育的未来发展可以归纳为四个方面：第一，回归认证。认证的根本是什么？我们要客观、准确、全面地把握认证的一些特点和要求。第二，关注内涵。高等教育内涵式高质量发展是今后的必由之路，所以要更关注内涵，内涵体现在专业认证标准上。我们要理解标准、健全标准、实现标准，引领专业的改革和发展。第三，聚焦重点，关键环节就是产出评价方法和机制的建立。第四，要实现源头活水。实现工程教育专业认证工作持续的发展、健康的发展，还要和行业、产业界形成互动的关系，同频共振，来达到专业认证这项工作有源头活水。

3.3 工程教育专业认证指标体系

1.工程教育认证工作组织体系

中国工程教育认证工作是在中国工程教育专业认证协会（以下简称认证协会）的领导下组织开展的。中国工程教育专业认证协会是由热心中国工程教育的有关团体和个人自愿结成的全国性、非营利的会员制社会团体组织。

认证协会的最高权力机构是会员大会，理事会是会员大会的执行机构，监督机构为监事会，办事机构为秘书处。认证协会根据工作需要设置各专业类认证委员会、学术委员会、认证结论审议委员会等。各机构与认证工作有关的职责分别如下：

会员大会：表决通过协会章程、表决通过会员入会与除名、选举和罢免协会理事、选举和罢免协会监事、审议理事会工作报告和财务报告、审议监事会工作报告等。

理事会：领导、组织工程教育认证工作，构建工程教育认证体系，通过工程教育认证办法、认证标准等，确定学术委员会、认证结论审议委员会、各专业类认证委员会的人员组成等。

监事会：监督理事会、下设机构及成员的履行职责情况，监督秘书处及其成员的工作情况；监督工程教育认证工作，确保诚信、公正；受理学校关于认证结论或认证过程的申诉，调查并作出最终裁决；接受社会各界对工程教育认证工作的投诉，调查并作出相应处理。

秘书处：在理事会的领导下组织开展工程教育认证工作，包括受理认证申请、组织开展现场考查、组织开展认证结论审议等；指导各专业类认证委员会开展工作；制订并实施认证工作计划，协调认证工作相关的部门和单位；协助学术委员会制订、修订工程教育认证有关文件，组织开展学术研究与交流；负责工程教育认证的信息服务与对外宣传工作；组织开展认证工作的国际交流与合作；组织开展认证培训；完成理事会交办的其他工作。秘书处同时为监事会、学术委员会、结论审议委员会开展工作提供服务。

专业类认证委员会：在理事会的领导下，组织实施所在专业领域的工程教育认证工作；制订、修订相应专业的专业补充标准和本专业类认证委员会的工作文件，交学术委员会审定；推荐本专业领域的认证专家人选；组织本专业类认证专家的日常培训；委派专家组开展现场考查工作；组织撰写工程教育认证的有关报告、资料、结论建议等，报认证结论审议委员会审议；受理事会的委托处理有关事宜。

学术委员会：在理事会的领导下，负责对认证工作提供咨询；制定和修订认证办法、标准等认证工作文件，报理事会通过；对工程教育认证提供学术支持；认定专家资格；指导和组织学术活动等。

认证结论审议委员会：在理事会的领导下，审议各专业类认证委员会作出认证报告和认证结论建议，报理事会通过。

2.认证标准

认证标准是判断专业是否达到认证要求的依据，同时也是专业撰写自评报告的依据。

认证标准由通用标准和专业补充标准两部分构成。通用标准规定了专业在学生、培养目标、毕业要求、持续改进、课程体系、师资队伍和支持条件 7 个方面的要求；专业补充标准规定相应专业领域在上述一个或多个方面的特殊要求和补充。

通用标准

1 学生

1.1 具有吸引优秀生源的制度和措施。

1.2 具有完善的学生学习指导、职业规划、就业指导、心理辅导等方面的措施并能够很好地执行落实。

1.3 对学生在整个学习过程中的表现进行跟踪与评估，并通过形成性评价保证学生毕业时达到毕业要求。

1.4 有明确的规定和相应的认定过程，认可转专业、转学学生的原有学分。

2 培养目标

2.1 有公开的、符合学校定位的、适应社会经济发展需要的培养目标。

2.2 定期评价培养目标的合理性并根据评价结果对培养目标进行修订，评价与修订过程有行业或企业专家参与。

3 毕业要求

专业必须有明确、公开、可衡量的毕业要求，毕业要求应能支撑培养目标的达成。专业制定的毕业要求应完全覆盖以下内容：

3.1 工程知识：能够将数学、自然科学、工程基础和专业知识用于解决复杂工程问题。

3.2 问题分析：能够应用数学、自然科学和工程科学的基本原理识别、表达，并通过文献研究分析复杂工程问题，以获得有效结论。

3.3 设计/开发解决方案：能够设计针对复杂工程问题的解决方案，设计满足特定需求的系统、单元（部件）或工艺流程，并能够在设计环节中体现创新意识，考虑社会、健康、安全、法律、文化以及环境等因素。

3.4 研究：能够基于科学原理并采用科学方法对复杂工程问题进行研究，包括设计实验、分析与解释数据，并通过信息综合得到合理有效的结论。

3.5 使用现代工具：能够针对复杂工程问题，开发、选择与使用恰当的技术、资源、现代工程工具和信息技术工具，包括对复杂工程问题的预测与模拟，并能够理解其局限性。

3.6 工程与社会：能够基于工程相关背景知识进行合理分析，评价专业工程实践和复杂工程问题解决方案对社会、健康、安全、法律以及文化的影响，并理解应承担的责任。

3.7 环境和可持续发展：能够理解和评价针对复杂工程问题的工程实践对

环境、社会可持续发展的影响。

3.8 职业规范：具有人文社会科学素养、社会责任感，能够在工程实践中理解并遵守工程职业道德和规范，履行责任。

3.9 个人和团队：能够在多学科背景下的团队中承担个体、团队成员以及负责人的角色。

3.10 沟通：能够就复杂工程问题与业界同行及社会公众进行有效沟通和交流，包括撰写报告和设计文稿、陈述发言、清晰表达或回应指令。并具备一定的国际视野，能够在跨文化背景下进行沟通和交流。

3.11 项目管理：理解并掌握工程管理原理与经济决策方法，并能在多学科环境中应用。

3.12 终身学习：具有自主学习和终身学习的意识，有不断学习和适应发展的能力。

4 持续改进

4.1 建立教学过程质量监控机制，各主要教学环节有明确的质量要求，定期开展课程体系设置和课程质量评价。建立毕业要求达成情况评价机制，定期开展毕业要求达成情况评价。

4.2 建立毕业生跟踪反馈机制以及有高等教育系统以外有关各方参与的社会评价机制，对培养目标的达成情况进行定期分析。

4.3 能证明评价的结果被用于专业的持续改进。

5 课程体系

课程设置能支持毕业要求的达成，课程体系设计有企业或行业专家参与。课程体系必须包括：

5.1 与本专业毕业要求相适应的数学与自然科学类课程（至少占总学分的15%）。

5.2 符合本专业毕业要求的工程基础类课程、专业基础类课程与专业类课程（至少占总学分的30%）。工程基础类课程和专业基础类课程能体现数学和自然科学在本专业应用能力的培养，专业类课程能体现系统设计和实现能力的培养。

5.3 工程实践与毕业设计（论文）（至少占总学分的 20%）。设置完善的实践教学体系，并与企业合作，开展实习、实训，培养学生的实践能力和创新能力。毕业设计（论文）选题要结合本专业的工程实际问题，培养学生的工程意识、协作精神以及综合应用所学知识解决实际问题的能力。对毕业设计（论文）的指导和考核有企业或行业专家参与。

5.4 人文社会科学类通识教育课程（至少占总学分的 15%），使学生在从事工程设计时能够考虑经济、环境、法律、伦理等各种制约因素。

6 师资队伍

6.1 教师数量能满足教学需要，结构合理，并有企业或行业专家作为兼职教师。

6.2 教师具有足够的教学能力、专业水平、工程经验、沟通能力、职业发展能力，并且能够开展工程实践问题研究，参与学术交流。教师的工程背景应能满足专业教学的需要。

6.3 教师有足够的时间和精力投入本科的教学和学生的指导中，并积极参与教学研究与改革。

6.4 教师为学生提供指导、咨询、服务，并对学生职业生涯规划、职业从业教育有足够的指导。

6.5 教师明确他们在教学质量提升过程中的责任，不断改进工作。

7 支持条件

7.1 教室、实验室及设备在数量和功能上满足教学需要。有良好的管理、维护和更新机制，使得学生能够方便地使用。与企业合作共建实习和实训基地，在教学过程中为学生提供参与工程实践的平台。

7.2 计算机、网络以及图书资料资源能够满足学生的学习以及教师的日常教学和科研所需。资源管理规范、共享程度高。

7.3 教学经费有保证，总量能满足教学需要。

7.4 学校能够有效地支持教师队伍建设，吸引与稳定合格的教师，并支持教师本身的专业发展，包括对青年教师的指导和培养。

7.5 学校能够提供达成毕业要求所必需的基础设施，包括为学生的实践活动、创新活动提供有效支持。

7.6 学校的教学管理与服务规范，能有效地支持专业毕业要求的达成。

专业补充标准

专业必须满足相应的专业补充标准。专业补充标准规定了相应专业在课程体系、师资队伍和支持条件方面的特殊要求。

目前补充标准（2020 年修订）已涵盖 18 个专业领域的 21 个工科专业类及相关专业。

机械类专业

本补充标准适用于按照教育部有关规定设立的，授予工学学士学位，专业名称中包含机械、材料成型、过程装备、车辆等机械类专业。

1.课程体系

自然科学类课程应包含物理、化学（或生命科学）等知识领域。

工程基础类课程应包含工程图学、理论力学、材料力学、热流体、电工电子、工程材料等知识领域。

实践环节包括工程训练、课程实验、课程设计、企业实习、科技创新等。毕业设计（论文）以工程设计为主。

2.师资队伍

从事专业主干课程教学的教师，应具有企业工作经验或从事过工程设计和研究的工程背景，了解本专业领域科学和技术的最新发展。

计算机类专业

本补充标准适用于按照教育部有关规定设立的，授予工学学士学位的计算机类专业。

1.课程体系

课程设置支持学生掌握计算与计算系统抽象以及自动计算特征相关的基本知识，包括离散结构、程序设计、数据结构、计算机算法、计算机组成、操作系统、计算机网络、软件开发过程、数据管理与应用等领域的核心概念、基本原理，以及相关的基本技术和方法，培养学生的计算思维、基本算法、程序设计和系统能力，并能运用这些知识设计、实现或者部署复杂的计算系统。

必须保证学生受到足够的训练，包括课程作业与专业实践环节。专业课程，特别是基础类课程，必须有数量和难度与培养学生解决复杂工程问题能力相适应的作业。专业实践环节至少应包含：

（1）两个基于多门课程综合、具有一定规模的系统设计与开发。

（2）毕业设计（论文）（至少占总学分的8%，或不少于14周）选题需有明确的应用背景，一般要求有系统实现。

2.师资队伍

大部分授课教师在其学习经历中至少有一个阶段是计算机类专业学历。

化工与制药类、生物工程类及相关专业

本补充标准适用于按照教育部有关规定设立的，授予工学学士学位的化工与制药类、生物工程类，以及应用化学、生物技术、生物信息学、石油工程、油气储运工程、海洋油气工程等专业。

1.课程体系

课程体系设置应确保学生在毕业时能够运用数学（含高等数学、线性代数等）、自然科学（含化学、物理、生物等）、工程科学原理（含信息、机械、控制）和实验手段，表达和分析化学、物理和生物过程中的复杂工程问题；能够研究、模拟和设计化学、物理和生物过程，具有系统优化的知识和能力；能够理解和分析在化学、物理和生物过程中存在的 HSE 风险和危害，了解现代企业 HSE 管理体系。

2.师资队伍

从事专业教学工作的80%以上的教师应有至少6个月以上的企业工程实践经历。讲授安全、环保、工程设计等课程的教师应该具有与之相关的工程实践经验。

水利类专业

本补充标准适用于教育部颁布的《普通高等学校本科专业目录》中授予工学学位的水利类专业以及农业工程类的农业水利工程专业。

1.课程体系

（1）符合工程逻辑，涵盖解决水利勘测、规划、设计、实施、管理、维护等全周期、全流程过程中复杂工程问题的知识、能力和素质培养，使学生能够在各种制约因素下解决工程技术问题。

（2）具有生态、环境的基础知识和水利工程生态、环境的专门知识，能分析、评价水利复杂工程问题解决方案对生态、环境的影响，并能考虑生态、环境的制约因素。

（3）工程实践各环节注重工程能力的培养：

①课程实验应有综合实验项目；

②实习应包含对水利工程问题复杂性的了解；

③课程设计不少于 4 个，其中专业类课程设计不少于 2 个；

④撰写毕业论文的学生，至少有一门专业类课程设计能使他得到解决复杂工程问题的训练；

⑤毕业设计/论文的时间不少于 12 周，应包括对所涉及的经济决策、生态环境影响的理解与评价。

2.师资队伍

（1）40%以上承担专业基础类、专业类课程教学的教师应具有高级职称，聘请企业或行业专家为兼职教师应承担培养方案中一定的教学任务。

（2）专业类课程教师一般至少有一个本专业领域的学历，主讲教师具有本专业或相近专业领域的科研方向与经历。

（3）85%以上专业类课程教师具有本专业领域工程实践的经历，15%以上具有在水利企事业单位或相近单位累计参加工程实践半年以上的经历。

（4）具有发展青年教师工程能力、知识融合能力、教学能力的培养计划。

环境类专业

本补充标准适用于按照教育部有关规定设立的，授予工学学士学位的环境科学与工程类专业。

1.课程体系

课程体系设置应确保学生在毕业时能运用数学（含高等数学、线性代数、概率论及数理统计等）、自然科学（含化学、物理、生物等）、工程科学原理和实验方法、专业知识（含水气固等污染防治与资源化利用、生态修复等）和经济决策、工程管理等知识以及现代工具，掌握工程相关的安全、健康、环境可持续发展等知识，具备开展生态与环境保护、污染防治的识别、表达、规划、管理、模拟、分析、评价、研究、开发、设计与优化的能力，能分析、评价、控制工程项目对社会、健康、安全和环境的影响，理解应承担的社会责任。

在实践教学环节中受到足够的专业实践训练。

2.师资队伍

从事专业教学工作的教师应有6个月以上的相关工程实践经历。讲授专业课程的教师原则上应具有本专业的学习经历。

安全科学与工程类专业

本补充标准适用于教育部颁布的《普通高等学校本科专业目录》中的安全科学与工程类专业。

安全科学与工程类专业是研究人类生产及生活过程中事故或灾难的发生机理和规律，及其预防与应对的一类专业，包括安全工程、应急技术与管理、职业卫生工程。研究对象为工业生产、自然环境、社会生活等领域的各种事故或灾难。研究内容主要包括事故或灾难的孕育、发生、发展的原因和规律，预防、控制与应急的原理和方法，后果及其影响分析、防控方法策略等。

1.课程体系

课程体系设置应确保学生在毕业时能够运用数学、自然科学、工程科学、管理科学知识和实验手段，识别危险源，为降低风险而分析、设计、研究、表达和优化解决方案，实施设计方案并评价实施绩效。

2.师资队伍

从事本专业类教学工作的教师，在其学历教育中至少有一个是安全科学与工程类专业学历，或者具有两年以上本专业类的教育培训、科学研究、工程或管理实践等工作背景。

电子信息与电气工程类专业

本大类专业补充标准适用于教育部公布的授予工学学位的电气类、电子信息类与自动化类专业。

1.课程体系

本大类专业课程体系必须提供与专业名称相符的,具有相应的广度和深度的现代工程内容;其课程设置必须覆盖数学(含离散数学)、自然科学(物理学,根据需要可以包括化学、生命科学、地球科学和空间科学等)等知识领域及其应用,以及分析和设计与专业名称相符的复杂对象(包括硬件、软件和由硬件及软件组成的系统)所必需的现代工程内容;各专业设置相关知识领域课程,形成各自特色。其中:

电气类专业课程设置还必须包括电磁理论、能量转换原理等核心知识领域,能够支撑在电气工程(包括电能生产、传输、应用等)中的认知识别、规划设计、运行控制、分析计算、实验测试、仿真模拟等能力的培养。

电子信息类专业课程设置还必须包括物理机制,电子线路,信号/信息的获取、分析、存储和传输等核心知识领域,能够支撑在电子工程(包括电子、光子、信息等)中相应的信号/信息处理、材料、元器件、电路、系统和网络等分析与设计能力的培养。

自动化类专业课程设置还必须包括建模、检测、控制、系统集成与应用技术等核心知识领域,能够支撑在现代自动化工程中的系统建模、检测与识别、信息处理与分析、自动控制、优化决策、系统集成原理以及人工智能应用等能力的培养。

未来特设专业的课程可选择相近专业的核心知识领域或者根据专业特色进行设置。

2.师资队伍

讲授专业核心课程的教师必须了解相应专业领域及其工程实践的最新进展。

讲授主要设计类课程的教师必须具有足够的教育背景和设计经验,且这些设计类课程的教学不能仅依赖于某一位教师。

交通运输类专业

本补充标准适用于按照教育部有关规定设立的,授予工学学士学位的交通运输类专业。

1.课程体系

数学和自然科学类课程应对微积分、几何与代数、概率与数理统计、大学物理等相关知识和运用能力有较好的支撑。

工程基础类课程应具有较好的工程力学、工程图学、运筹学工程基础,并对土木工程基础、机械工程基础、电工电子基础、计算机技术基础、信息控制技术基础等部分相关领域的工程能力有较好的支撑。

设置符合专业核心教育定位的专业课程和实践环节。实践环节应包括必要的实验、课程设计、实习及工程训练等,毕业设计(论文)以工程设计为主。

2.师资队伍

从事专业基础类、专业类课程教学的主讲教师,原则上具有硕士或博士学位。每3年应有3个月以上的工程实践经历。专业教师中高级职称教师占专任教师的比例不低于45%。

矿业类专业

本补充标准适用于按照教育部有关规定设立的,授予工学学士学位的矿业类专业(主要为采矿工程、矿物加工工程、矿物资源工程)。

1.课程体系

课程设置应确保学生在毕业时受到足够的专业课程、专业教学环节的训练,满足煤和非煤固体矿产资源(不包括石油和天然气田等液态资源)的开采与矿物加工的需要。

专业课必须有与课程目标要求相匹配的课堂教学、课后自主学习及与培养学生解决复杂工程问题能力相适应的课程作业及要求,并在课程教学大纲的成绩评定方法和评分标准中有明确要求且有效实施。课程教学内容要与时俱进地不断完善,以适应社会对现代化矿业类人才的需求。

专业实践教学环节应包含:

(1)至少含有3次体现不同教学目的的校外实习(总学时不少于8周);

(2)毕业设计(论文)时间不少于12周,其中工程设计应占与专业定位相适应的比例;来源于矿业类工程实践的选题比例不低于80%。

2.师资队伍

专任教师的教育经历中至少有一个矿业类专业学历,从事专业教学工作的教师应具有 6 个月以上的矿业相关工程实践经历。

食品科学与工程类专业

本补充标准适用于按照教育部有关规定设立的,授予工学学士学位的食品科学与工程类专业。

1.课程体系

课程设置应确保本专业学生在毕业时具备工程制图、信息、机械工程、单元操作等方面的工程基础;确保实践教学体系能结合食品行业或产业的工程实际问题,开展工程实践训练,强化工程意识和提供工程实践经历。

2.师资队伍

专业课程授课教师必须有食品科学与工程类及相关专业的学习经历,且应有 6 个月以上的相关工程实践经历。

材料类专业

本补充标准适用于按照教育部有关规定设立的,授予工学学士学位的材料类所有专业。

1.课程体系

课程体系设置应确保学生在毕业时具备应用自然科学(含高等物理和高等化学等)、计算机技术和工程原理等知识的能力;系统理解并能够综合应用有关材料(含冶金)领域中组成与结构、性质、合成与制备(含工艺流程等)、应用(含使用性能)等方面的科学与工程原理;通过理论分析、实践和实训、逻辑计算、统计以及建立数学模型等方法,解决合成与制备等工艺过程的材料选择、设计、工艺(含新工艺新流程等)及参数确定等材料(含冶金)领域复杂工程问题。

2.师资队伍

教师的专业知识必须覆盖专业领域中有关组成与结构、性质、合成与制备(含工艺流程等)、应用(含使用性能)等方面的内容。

仪器类专业

本补充标准适用于按照教育部有关规定设立的，授予工学学士学位的仪器类专业。

1.课程体系

课程设置支持学生掌握信息获取、信息处理和信息利用的基本知识，包括传感器理论与应用、测量理论与测试技术、测控系统与仪器产品智能化及其制造等领域的核心概念、基本原理、基本技术和基本方法，能围绕准确获取信息，运用基本知识分析、设计、开发、应用仪器部件（元件）、整机或测控系统，培养学生系统思维和仪器与测控系统性能评价的能力。

专业实践环节应保证学生熟悉仪器设计、制造过程，了解仪器生产组织方式和管理流程。

2.师资队伍

80%以上的专任教师具有在企业连续工作半年以上的经历，或取得相关专业工程技术系列职业资格，或通过相关专业技术人员水平评价。

测绘地理信息类专业

本补充标准适用于按照教育部有关规定设立的，授予工学学士学位的测绘地理信息类工程专业。

1.课程体系

课程设置支持学生掌握地球空间信息科学与技术的基本知识，包括地理时空基准、大地测量与导航定位、工程与工业测量、摄影测量与遥感、地图制图与地理空间信息工程以及测绘地理信息技术在相关应用领域的核心概念、基本原理、技术、方法，测绘与地理信息服务相关政策、法规等，培养学生测绘地理信息的数据采集、处理、分析、服务能力。

学生须受到足够的专业工程训练，包括专业实践环节。专业课程须有培养学生解决复杂工程问题能力的作业或设计。专业实践教学环节至少应包含：

（1）核心专业课程应有工程案例分析和适当规模的程序设计作业；

（2）有校企联合且运行良好的实训基地，有不少于2周的实训经历；

（3）毕业设计（论文）完成时间不少于12周，选题需有明确的应用背景。

2.师资队伍

专业课授课教师至少有一个阶段是测绘地理信息类专业的学历。核心专业课程授课教师应具有主持完成测绘地理信息工程项目的能力与相应经历。

地质类专业

本补充标准适用于按照教育部有关规定设立的,授予工学学士学位的地质类专业。

1.课程体系

保证学生受到该专业所必需的野外地质工作和工程技术基本技能训练,包括地质及工程基础教学实习和专业实践环节。地质及工程基础教学实习野外教学时间应不少于 5 周,培养学生运用地质学和工程学的基本概念、原理和分析方法,观察、分析和描述野外地质现象的能力,掌握解决现场工程问题的方法与技术。专业实践环节时间安排应不少于 5 周,应有野外、场地和室内工作量,并形成报告(设计/论文),培养学生解决地质类工程问题的能力。

2.师资队伍

从事专业教学工作的教师,其学习经历中,至少有一个阶段是地质类专业。从事专业教学工作的80%以上教师,至少要有累计 1 年以上地质类企业或工程实践(包括企业工作或完成工程类项目、应用型研究项目)经历。

纺织类专业

本补充标准适用于按照教育部有关规定设立的,授予工学学士学位的纺织类专业(包括纺织工程、服装设计与工程和非织造材料与工程等)。

1.课程体系

课程体系设置应确保学生在毕业时掌握揭示纤维及其集合体的组成结构、形态特征、性能演变及其规律的纺织材料学知识集,掌握涵盖整个纺织生产链和全生命周期调控的纺织工程学知识集,掌握兼顾科技和人文属性、艺术和功能统一的纺织类产品设计学知识集,以及掌握从设计、制造到销售,并集成信息、经济、社会等要素的纺织管理学知识。能综合运用上述知识和原理,解决纤维与纤维集合体由原材料状态向制品状态转换过程中的复杂工程问题,并注重制造过程的高效化、精细化及人体和环境友好。

2.师资队伍

从事专业教学工作的70%以上的教师，其本科、硕士和博士学历中，至少有一个为纺织类专业学习经历；80%以上的教师至少要有6个月以上纺织类或相关企业工程实践经历。

核工程类专业

本补充标准适用于按照教育部有关规定设立的，授予工学学士学位的核工程类专业。

1.课程体系

课程体系至少包含如下知识领域之一：理论力学、量子力学、电动力学、统计力学、流体力学、热力学、放射化学、化工原理。体现核安全文化。保证学生掌握核物理、辐射探测、辐射防护的基础知识，具备相适应的实验能力、信息技术、电工电子技术和工程制图能力。

毕业设计（论文）必须一人一题。

2.师资队伍

讲授专业课程的教师，应具有核工程类或核物理专业的学历或进修经历，或者有在核工程类相关企业/研究院所的工作经历。从事专业教学（含专业实验教学）的教师，80%以上应具有累计不少于半年相关企业或研究机构的工程实践经历。认证专业的专任教师中再列入其他认证专业的不得超过50%。

3.支持条件

专业所在学校应具有从事放射性工作的资质和许可证。

兵器类专业

本补充标准适用于按照教育部有关规定设立的，授予工学学士学位的兵器类工程专业。

从事专业教学工作的教师应具有兵器科学与技术学科硕士/博士研究生或兵器类专业本科学历，或具有兵器行业科研经历，或具有兵器行业工程实践经验。

土木类专业

本补充标准适用于按照教育部有关规定设立的，授予工学学士学位的土木类工程专业。

1.课程体系

课程设置应确保学生在毕业时能够应用工程力学、结构力学、流体力学、工程材料、工程测量、工程制图、工程经济等工程基本原理与方法，掌握土木类工程设施或系统的设计、建造、运维、管理的核心概念与专业技术，具有综合运用宽口径专业知识和技能识别、表达、分析和解决土木类复杂工程问题的能力。

2.师资队伍

从事专业基础课和专业课教学（含实践教学）的专任教师，一般应有土木类相关专业学历；从事专业主干/核心课（含实践环节）教学工作的教师，应具有相应的工程实践经历；承担专业课教学的骨干教师，应有明确稳定的研究方向。

专任教师每年实际指导毕业设计的学生应不超过 8 人。

3.支持条件

有满足教学需要的现行工程建设法规文件、国家标准、行业标准和工程图集，有课程教学和毕业设计所必需的正版专业软件，有相对稳定的校外专业实习基地。

3.4 工程教育专业认证认证程序

工程教育专业认证工作的基本程序包括 6 个阶段：申请和受理、学校自评与提交自评报告、自评报告的审阅、现场考查、审议和作出认证结论、认证状态保持。

1.申请和受理

工程教育认证工作在学校自愿申请的基础上开展。

按照教育部有关规定设立的工科本科专业，属于中国工程教育专业认证协会的认证专业领域，并已有三届毕业生的，可以申请认证。申请认证由专业所在学校向秘书处提交申请书。

秘书处收到申请书后，会同相关专业类认证委员会对认证申请进行审核。重点审查申请学校是否具备申请认证的基本条件，根据认证工作的年度安排和专业布局，作出是否受理决定。必要时可要求申请学校对有关问题作出答复，或提供有关材料。

根据审核情况，可作出以下两种结论，并作相应处理：

（1）受理申请，通知申请学校开展自评；

（2）不受理申请，向申请学校说明理由。学校可在达到申请认证的基本条件后重新提出申请。

已受理认证申请的专业所在学校应在规定时间内按照国家核定的标准交纳认证费用，交费后进入认证工作流程。

2.自评与提交自评报告

自评是学校组织接受认证专业依照《工程教育认证标准》对专业的办学情况和教学质量进行自我检查，学校应在自评的基础上撰写自评报告。学校应在规定时间内向秘书处提交自评报告。

3.自评报告的审阅

专业类认证委员会对接受认证专业提交的自评报告进行审阅，重点审查申请认证的专业是否达到《工程教育认证标准》的要求。

根据审阅情况，可作出以下三种结论之一，并作相应处理：

（1）通过审查，通知接受认证专业进入现场考查阶段及考查时间；

（2）补充修改自评报告，向接受认证专业说明补充修改要求，经补充修改达到要求的可按（1）处理，否则按（3）处理；

（3）不通过审查，向接受认证专业说明理由，本次认证工作到此停止，学校须在达到《工程教育认证标准》要求后重新申请认证。

4.现场考查

（1）现场考查的基本要求

现场考查是专业类认证委员会委派的现场考查专家组到接受认证专业所在学校开展的实地考查活动。现场考查以《工程教育认证标准》为依据，主要目的是核实自评报告的真实性和准确性，并了解自评报告中未能反映的有关情况。

现场考查时间一般不超过 3 天，且不宜安排在学校假期进行。专业类认证委员会应在入校考查前两周通知学校。

（2）现场考查的程序

①专家组预备会议。进校后专家组召开内部工作会议，进一步明确考查计划和具体的考查步骤，并进行分工。

②见面会。专家组向学校及相关单位负责人介绍考查目的、要求和详细计划，并与学校及相关单位交换意见。

③实地考查。考查内容包括考查实验条件、图书资料等在内的教学硬件设施；检查近期学生的毕业设计（论文）、试卷、实验报告、实习报告、作业，以及学生完成的其他作品；观摩课堂教学、实验、实习、课外活动；参观其他能反映教学质量和学生素质的现场和实物。

④访谈。专家组根据需要会晤包括在校学生和毕业生、教师、学校领导、有关管理部门负责人，以及院（系）行政、学术、教学负责人等，必要时还需会晤用人单位有关负责人。

⑤意见反馈。专家组成员向学校反馈考查意见与建议。

（3）现场考查报告

工程教育认证现场考查报告，是各专业类认证委员会对申请认证的专业作出认证结论建议和形成认证报告的重要依据，需包括下列内容：

（1）专业基本情况；

（2）对自评报告的审阅意见及问题核实情况；

（3）逐项说明专业符合认证标准要求的达成度，重点说明现场考查过程中发现的主要问题和不足，以及需要关注并采取措施予以改进的事项。

5.审议和作出认证结论

（1）征询意见

专业类认证委员会将现场考查报告送接受认证专业所在学校征询意见。学校应在收到现场考查报告后核实其中所提及的问题，并于15日内按要求向相应专业类认证委员会回复意见；逾期不回复，则视同没有异议。

（2）审议

各专业类认证委员会召开全体会议，审议接受认证专业的自评报告、专家组的"现场考查报告"和学校的回复意见。

（3）提出认证结论建议

各专业类认证委员会在充分讨论的基础上，采取无记名投票方式提出认证结论建议。全体委员 2/3 以上（含）出席会议，投票方为有效。同意票数达到到会委员人数的 2/3 以上（含），则通过认证结论建议。各专业类认证委员会讨论认证结论建议和投票的情况应予保密。

工程教育认证结论建议应为以下三种之一：

①通过认证，有效期6年：达到标准要求，无标准相关的任何问题；

②通过认证，有效期6年（有条件）：达到标准要求，但有问题或需关注事项，不足以保持6年有效期，需要在第三年提交改进情况报告，根据问题改进情况决定"继续保持有效期"或"中止有效期"；

③不通过认证：存在未达到标准要求的不足项。

（4）提交工程教育认证报告和相关材料

各专业类认证委员会根据审议结果，撰写认证报告，须写明认证结论建议和投票结果，连同自评报告、现场考查报告和接受认证专业所在学校的回复意见等材料，一并提交认证结论审议委员会审议。

（5）认证结论审议委员会审议认证结论

认证结论审议委员会召开会议，对各专业类认证委员会提交的认证结论建议和认证报告进行审议。认证结论审议委员会如对提交的结论有异议，可要求专业类认证委员会在限定时间内对认证结论建议重新进行审议，也可直接对结论建议作出调整。

认证结论审议委员会审议认证结论建议时，按照协商一致的方式进行审议，有重要分歧时，可采用无记名投票方式投票表决。全体委员 2/3 以上（含）出席会议，投票方为有效。同意票数达到到会委员人数的 2/3 以上（含），认证结论建议方为有效。

认证结论审议委员会审议认证结论建议时，可根据需要要求专业类认证委员会列席会议，接受质询。

（6）批准与发布认证结论

理事会召开全体会议，听取认证结论审议委员会对认证结论建议和认证报告的审议情况，并投票表决认证结论建议。理事会全体会议须邀请监事会成员列席。

理事会全体会议采用无记名投票方式批准认证结论。全体理事 2/3 以上（含）出席会议，投票方为有效。同意票数达到到会理事人数的 2/3 以上（含），认证结论方为有效。

如理事会未批准认证结论审议委员会审议通过的认证结论建议，认证结论审议委员会需按原程序重新审议。重新审议后，再次向理事会提交新的认证结论建议。如果理事会再次投票后仍未批准认证结论，则由理事会直接作出认证结论。

理事会批准的认证报告及认证结论应在15日内分送相关学校，如果学校对认证结论有异议，可向监事会提出申诉，由监事会作出最终裁决。

理事会批准的认证结论或监事会作出的裁决由认证协会负责发布。

（7）认证结论

认证结论分为三种：

①通过认证，有效期6年：达到标准要求，无标准相关的任何问题；

②通过认证，有效期6年（有条件）：达到标准要求，但有问题或需关注事项，不足以保持6年有效期，需要在第三年提交改进情况报告，根据问题改进情况决定"继续保持有效期"或是"中止有效期"；

③不通过认证：存在未达到标准要求的不足项。结论为"不通过认证"的专业，一年后允许重新申请认证。

6.认证状态的保持与改进

通过认证的专业所在学校应认真研究认证报告中指出的问题和不足，采取切实有效的措施进行改进。

认证结论为"通过认证，有效期 6 年"的，学校应在有效期内持续改进工作，并在第三年提交持续改进情况报告，认证协会备案，持续改进情况报告将作为再次认证的重要参考。

认证结论为"通过认证，有效期 6 年（有条件）"的，学校应根据认证报告所提问题，逐条进行改进，并在第三年年底前提交持续改进情况报告。认证协会将组织各专业类认证委员会对持续改进情况报告进行审核，根据审核情况给出以下三种意见：（1）"继续保持有效期"（已经改进，或是未完全改进但能够在 6 年内保持有效期）；（2）"中止认证有效期"（未完全改进，难以继续保持 6 年有效期）；（3）"需要进校核实"（根据核实情况决定"继续保持有效期"或是"中止认证有效期"）。对"中止认证有效期"的专业，认证协会将动态调整通过认证专业名单。

如学校未按时提交改进报告，秘书处将通知其限期提交；逾期仍未提交的，则终止其认证有效期。

通过认证的专业在有效期内如果对课程体系作重大调整，或师资、办学条件等发生重大变化，应立即向秘书处申请对调整或变化的部分进行重新认证。重新认证通过者，可继续保持原认证结论至有效期届满；否则，终止原认证的有效期。重新认证工作参照原认证程序进行，但可以视具体情况适当简化。

认证协会可根据工作需要，随机抽取部分专业在认证有效期内开展回访工作，检查学校认证状态保持及持续改进情况。回访工作参照原认证程序进行，但可以视具体情况适当简化。

通过认证的专业如果要保持认证有效期的连续性，须在认证有效期届满前至少一年重新提出认证申请。

3.5 工程教育专业认证对实践教学的要求

综合以上关于工程教育专业认证的论述，工程教育认证无非是强调专业的质量达标、专业的实施改进。工程教育专业认证是有限的目标，认证最多的是外部保障体系，不能够解决专业建设的所有问题。工程教育专业认证的第一个目标就是以毕业要求为重点，即反向设计正向施工。未来培养什么样的工程师，把行业对未来工程师的要求反射到专业人才培养体系当中，这就是毕业生标准。把毕业生的标准落实到人才培养体系当中去，教学过程要实现毕业要求，这就是工程教育所要求的。培养体系中，通过实施各种教育条件、各种环境的支撑，特别是课程支撑，再通过评价质量保障体系，保证学生的学习产出，来保证学生形成该具备的工程师的教育基础，以便于其能成为合格的工程师。

认证通用标准由7个部分、36条指标组成，适用于所有工程专业。其中，5.3条规定了工程实践与毕业设计（论文）占总学分比例的要求（大于或等于20%），解释了培养学生的是实践能力、创新能力、工程意识、协作精神以及综合应用所学知识解决实际问题的能力，指出对毕业设计（论文）的指导和考核应有企业或行业专家参与。7.1条中后半条规定了与企业合作共建实习和实训基地，在教学过程中为学生提供参与工程实践的平台。关于12条学生毕业要求，分别考查工程知识、能力、通用技能、工程态度4个方面。突出的重点是毕业生对于复杂工程问题的解决，必须深入分析、运用工程原理，构建合适的模型，处理好涉及多方面的技术与工程因素及可能相互有一定冲突的多方关系。对于复杂工程问题的解决能力，不仅需要全面扎实的理论知识功底，更需要工程实践能力的积累。这正是工程教育专业认证通用标准关于实践教学的指标制定得更为重要的考量。

实践教学是培养学生解决复杂工程问题能力的重要环节，对于学生能否达到毕业要求非常重要。在工程实践的教学中，必须要能够培养学生各方面的综合能力与素质，让学生能最终解决复杂的工程问题。

本章参考文献

[1] 鲍尔·K 唐奎斯特.美国工程与技术鉴定委员会（ABET）情况介绍——该组织的标准将受益于经营者、教育者、学生和一般公众[J].四川农机，1996（1）：32.

[2] 迈克尔·密里根，乔伟峰，王孙禺.服务公众保障质量激励创新——ABET工程教育认证概述[J].清华大学教育研究，2015（1）：21-27.

[3] 王昕红. 专业主义视野下的美国工程教育认证研究[D]. 武汉：华中科技大学，2008.

第4章　新形势下新发展阶段对实践教学体系建设的要求与构建原则

　　进入 21 世纪以来，以互联网、大数据、虚拟现实、人工智能、区块链等为代表的信息技术蓬勃发展，已经或即将对高等教育教学的变革产生颠覆性影响。为适应信息技术的发展，进一步提高工程教育质量，2006 年 3 月，教育部启动了工程教育专业认证工作，以此构建中国工程教育的质量监控体系；2010 年，教育部启动"卓越工程师教育培养计划"，强调走中国特色新型工业化道路、建设创新型国家、建设人才强国，迫切需要培养一大批能够适应和支撑产业发展的、具有国际竞争力的创新型工程人才；2017 年 2 月以来，教育部积极推进"新工科"建设，先后形成了"复旦共识""天大行动""北京指南"，为"新工科"建设指明了路线。从工程教育专业认证到"卓越工程师教育培养计划"，再到积极建设"新工科"，实践创新能力的培养已成为新时代工科专业培养的共识。

　　实践教学作为学生能力培养的重要环节，在培养工科学生专业水平、创新能力和分析解决问题能力等方面都有着理论教学不可替代的作用。如何在积极响应"新工科"建设要求的背景下，提升工科专业实验教学水平、对接未来新技术和新产业的发展、培养更多创新型工程技术人才，是一个值得探索的问题。

4.1 对比分析传统工程教育实践教学模式的问题

1.横向比较

从系统论角度出发，一般来说高等工程教育包含理论教学体系和实践教学体系两大组成部分，二者具有相对独立性，且各自承担着实现人才培养目标的任务，同时也影响着对方目标的实现。理论教学体系和实践教学体系是有机互动和辩证统一的关系，共同组成教学系统的整体。作为相对独立存在的实践教学体系，长期以来未受到足够重视，实践教学改革滞后于理论教学改革。尤其是，实践是工程教育的灵魂，在工程教育中实践教学与理论教学的地位应该同等重要。而现实情况是，我国工科高校普遍忽视实践教学。

2.纵向分析

从工程教育认证倡导的以学生为中心、产出导向和持续改进的三大理念出发，传统的"苏联模式"的实践教学体系设计与工程教育认证的要求存在诸多矛盾。

（1）实践教学"教"与"学"的中心矛盾

教学的最终目的是培养人，而传统实践教学模式以"教"为核心，以教师为中心，强调知识体系的完整性，注重知识的传授，忽视学生作为主体的能动性。一方面，教师在完成自认为的教学任务后，不关注学生的学习成果，学生的实验及实践效果难以保证；另一方面，在以"教"为核心导向下，大部分工科专业的实验项目以验证性实验为主，学生按照实验指导书"套路"式完成实验任务，难以锻炼学生解决复杂工程问题的能力，不能完全支撑工程教育认证的指标体系，还缺少对学生创新能力的培养。

（2）实践教学的目标矛盾

传统实践教学的目标以验证理论知识和掌握实验实训技能为主，各实验项目以课程为单元，以满足课程教学目标为导向，而课程之间没有建立系统的培养目标体系，导致实验或实践项目的培养任务不合理、不明确。

4.2 新形势下 OBE 理念下工科专业项目式实践教学体系的构建

实践是工程教学的特点和灵魂。构建一套科学高效的实践教学培养体系对整个工程教育的培养质量起着至关重要的决定作用。

1.OBE 理念下实践教学体系的构建原则

（1）整体性原则。OBE 理念倡导以学生为中心的培养理念，整个教育体系的设计应该围绕学生这个中心，无论是理论教学还是实践教学都应该紧紧围绕如何培养社会需要的杰出人才这个核心问题。实践教学体系设计要处理好整体和局部的关系，目标要设计以学生为中心，主动激发学生学习的内在动力，构建实践教学与理论教学相辅相成的新模式。

（2）有序性原则。OBE 理念强调产出导向（out-come），整个课程体系的设计以适应社会需求的培养目标为出发点和落脚点，教学计划的组织也是正向设计、反向实施的过程。如图 4-1 所示。

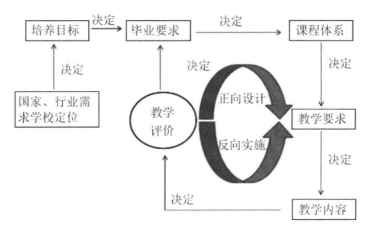

图 4-1　OBE 教学组织设计流程图

（3）动态调整原则。持续改进理念是 OBE 的核心理念之一，即按照"计划—执行—检查—处理"的戴明循环建立教学质量管理的闭环控制系统。这种循环不是简单的重复，而是通过改进和解决质量问题，从而达到以持续保证和提高质量为目的的螺旋式上升的循环。专业的教学体系要根据行业发展现状和教学评价持续地改进实践教学体系及教学内容和方法，以保障其始终与培养目标保持一致。

2.新形势下 OBE 实践教学目标体系的制定与细化分解实例

燕山大学立足河北，面向全国，已形成以工为主，文、理、经、管、法、艺、教等多学科共同发展的学科格局，致力于以重型机械及装备为优势，多学科协调发展的高水平大学。机械类的人才培养方案体现了 OBE 工程教育理念指导下，以学生为中心，以机械行业需求为导向，结合学校办学定位，注重学生的工程意识、素质和实践能力的培养。培养方案围绕机械装备制造工业发展对高素质创新型工程技术人才的需求，依托学校机械学科相关重点学科、重点实验室、国家工程中心、实验教学示范中心以及校外人才培养基地，培养重型机械行业特色鲜明、机械工程基础扎实的工程技术人才。以机械设计及其自动化专业的培养目标为例："本专业旨在培养具有良好的人文素养、学术素养和工程素养，具备较宽厚的基础理论和扎实的机械设计、制造及其自动化基础知识、专业知识与应用能力，具有一定的组织管理能力，不断学习和适应发展的能力，创新精神和国际化视野，团队精神和专业技术能力，能在工业生产第一线从事机械工程及其自动化领域内的设计制造、科技开发、研究应用、运行管理等方面工作的高级工程技术人才。"为适应社会的发展需要，结合学校定位与发展目标，我校人才培养方案的制定更注重强调知识、能力和素质的协调，更注重创新和国际视野，更注重本专业的机械行业背景和工程技术需求。

面向行业需求，并结合工程教育认证通用标准和专业补充标准，机械设计制造及其自动化专业实践教学的具体培养目标为：

①以重型机械及装备为特色，培养具备良好的数学、自然科学与工程科学基础和专业知识，能够从事机械（机电）系统，重大机械装备系统，工业产品的设计、制造和研究，新产品开发等工作，掌握以现代信息技术为主要支持的设计理论和方法，并能够研究和解决复杂工程问题的高级专业技术人才。

②掌握市场经济和工业管理方面的知识，能够有效从事工程项目管理、生产运行管理等工作。

③能够有效地在团队中工作，促进团队发展，并进行跨文化交流，具有工

程职业道德、人文社会科学素养、团队意识、有效地表达与沟通等综合素质。

④能够自主学习，具有创新和终身学习意识。

另外，工程教育认证要求专业必须有明确、公开的毕业要求，毕业要求应能支撑培养目标的达成。结合通用标准的12条毕业要求，机械设计制造及其自动化专业将12条毕业要求细化为可衡量、可评价的38条二级指标点。

（1）工程知识：能够将数学、自然科学、工程基础和专业知识用于解决复杂工程问题。

①掌握机械工程所需要的数学和自然科学基本概念和基本理论；

②掌握机械工程所需要的工程基础和专业基础知识的基本概念和基本理论；

③能够将数学、自然科学的基本知识和机械工程基础知识应用于复杂工程问题的描述和解释；

④能够将专业基础知识应用于复杂工程问题的描述和解释；

⑤掌握不同专业方向的专业知识并能应用于复杂工程问题的描述和解释。

（2）问题分析：能够应用数学、自然科学和工程科学的基本原理识别、表达，并通过文献研究分析复杂工程问题，以获得有效结论。

①能够应用数学知识对复杂工程问题进行建模和表达；

②能够应用自然科学知识对复杂工程问题进行识别、表达和分析，以获得结论；

③能够应用机械工程基础知识和基本原理对复杂工程问题进行识别、表达和分析，以获得结论；

④能够应用专业基础知识和专业知识的基本原理对复杂工程问题进行识别、表达和分析，以获得有效结论；

⑤具备文献资料检索的知识和能力，能够对文献进行分析和归纳，并用于复杂工程问题的分析，以获得结论。

（3）设计/开发解决方案：能够设计针对复杂工程问题的解决方案，设计满足特定需求的系统、单元（部件）或工艺流程，并能够在设计环节中体现创新意识，考虑社会、健康、安全、法律、文化以及环境等因素。

①能够针对具备不同特点的复杂机械工程问题设计解决方案；

②能够设计开发实现特定功能的复杂机械系统以及系统中的零部件，掌握复杂机械系统及零部件的制造工艺过程；

③具有创新意识，在复杂机械系统设计中能够进行局部或整体创新；

④在复杂机械系统设计开发过程中，能够考虑社会、健康、安全、法律、文化以及环境等因素。

（4）研究：能够基于科学原理并采用科学方法对复杂工程问题进行研究，包括设计实验、分析与解释数据，并通过信息综合得到合理有效的结论。

①掌握复杂机械系统的测试及实验方法，包括力、变形、运动、热等的测试方法和手段，掌握相关的基本原理；

②能够针对具体复杂机械工程问题设计实验，并对实验数据进行采集、处理和解释；

③能够应用机械工程的基础和专业知识，对复杂机械工程问题进行数据分析和综合，得到有效结论。

（5）使用现代工具：能够针对复杂工程问题，开发、选择以及使用恰当的技术、资源、现代工程工具和信息技术工具，包括对复杂工程问题的预测与模拟，并能够理解其局限性。

①掌握解决复杂机械工程问题所需的现代工具和信息技术的使用方法和基本知识；

②针对具体的复杂机械工程问题，能够选择和使用合适的现代工具对问题进行模拟分析和预测或控制；

③理解利用现代工程工具解决复杂机械工程问题的局限性。

（6）工程与社会：能够基于工程相关背景知识进行合理分析，评价专业工程实践和复杂工程问题解决方案对社会、健康、安全、法律以及文化的影响，并理解应承担的责任。

①掌握工程领域中与社会、健康、安全、法律以及文化等相关的基础理论知识和工程相关背景知识；

②正确认识国家面临的形势和任务，了解社会、健康、安全、法律以及文

化等方面的方针、政策、法律、法规；

③能够分析工程实践和复杂工程问题解决方案对社会、健康、安全、法律以及文化的影响，并作出合理评价，理解应承担的责任。

（7）环境和可持续发展：能够理解和评价针对复杂工程问题的工程实践对环境、社会可持续发展的影响。

①了解专业的发展现状与趋势，了解目前全球环境和可持续发展面临的压力，理解环境保护和可持续发展与工程专业实践的关系；

②能够分析和评价与机械工程领域复杂工程问题相关的专业实践对环境、社会可持续发展的影响。

（8）职业规范：具有人文社会科学素养、社会责任感，能够在工程实践中理解并遵守工程职业道德和规范，履行责任。

①具有良好的人文社会科学素养；

②具有较强的社会责任感，具有奉献精神；

③具有良好的工程职业道德，遵纪守法，履行责任。

（9）个人和团队：能够在多学科背景下的团队中承担个体、团队成员以及负责人的角色。

①具有在多学科背景团队中作为个体和团队成员有效工作、发挥作用的能力，理解团队合作的重要性，具有与其他成员或责任者协调合作的团队精神和能力；

②具有一定的组织能力，能够在团队中担任负责人，协调各方利益，有效地实现目标。

（10）沟通：能够就复杂工程问题与业界同行及社会公众进行有效沟通和交流，包括撰写报告和设计文稿、陈述发言、清晰表达或回应指令。并具备一定的国际视野，能够在跨文化背景下进行沟通和交流。

①能够就复杂机械工程问题撰写研究报告和设计文件；

②能够就复杂机械工程问题面向业界同行及社会公众进行陈述发言，清晰表达研究或设计的具体思想、思路、方案，所采取的措施和效果等，并能交流沟通；

③至少掌握一门外语，并有应用能力；

④具备一定的国际视野，能够在跨文化背景下进行沟通和交流。

（11）项目管理：理解并掌握工程管理原理与经济决策方法，并能在多学科环境中应用。

①掌握工程活动中相关管理学和经济学知识，掌握工程项目的管理原理与经济决策方法；

②能在多学科环境下进行工程项目的管理和技术经济性分析。

（12）终身学习：具有自主学习和终身学习的意识，有不断学习和适应发展的能力。

①对自主学习和终身学习有正确的认识，具备自主学习能力；

②具有适应社会发展的能力，能够通过学习不断丰富知识，解决实际工作中遇到的问题。

本专业培养的是能解决机械领域复杂工程问题的技术或管理骨干（毕业后5年），具备相应良好的工程素养和职业素养，沟通能力强，发展潜力大。该培养目标与毕业要求（前文12条要求）紧密相关，毕业要求与培养目标的支撑关系如表4-1所示。

表4-1 毕业要求对培养目标的支撑关系

	培养目标 1	培养目标 2	培养目标 3	培养目标 4
毕业要求 1	★			
毕业要求 2	★			
毕业要求 3	★			
毕业要求 4	★			
毕业要求 5	★			
毕业要求 6	★	★		
毕业要求 7		★		
毕业要求 8		★		
毕业要求 9		★	★	
毕业要求 10		★	★	
毕业要求 11			★	
毕业要求 12				★

4.3 项目式实践教学体系的构建

燕山大学机械工程学院借鉴先进的 CDIO 工程教育理念和模式，以学生能力为导向，同时兼顾学校的实际情况，构建了以学生为主体、课程项目为基础、专业综合项目为核心、能力导向为主线，全过程管理的项目式实践教学体系，具体如表 4-2 所示。

表 4-2　项目式实践教学体系简表

项目类别	项目数量	项目内容
一级项目	2	毕业设计
		创新与特长教育
二级项目	3	机械设计课程设计
		专业课程设计
		专业综合训练
三级项目	数量众多	机械原理课程设计
		随主干专业课程的三级项目

新的项目式实践教学体系增加了单独设课的实践教学学分，理论课课内实践教学学时增加到总学时的 1/3 以上，用以开展项目式教学、实验及其他形式的实践教学。以轧钢设备及工艺专业方向为例。经过该专业方向全体教师的共同努力，建立了以轧钢设备结构与工艺的设计计算流程为主线、以 CAD/CAE 技术及轧制实验为依托的项目式课程体系，如图 4-2 所示。通过项目的实施，不仅使学生深入理解专业的核心知识，更加强调对毕业要求中 38 项能力的培养。同时项目式的教学极大地增强了学生自主学习的主观能动性，培养了学生的团队合作能力，使学生初步建立起了"工程实践"的概念。

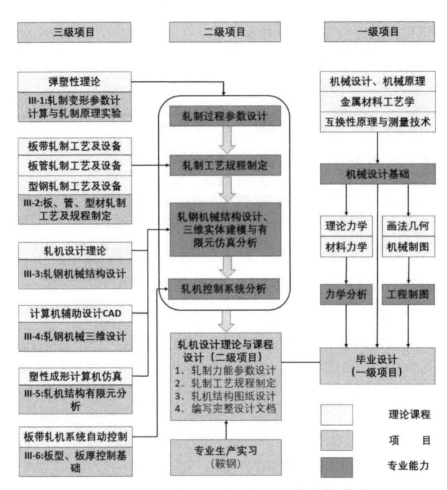

图 4-2　轧钢设备及工艺专业方向项目式体系拓扑图

1.三级项目

三级项目是随课程设计的小型综合性项目，是用不多于三门课程的知识来完成的小型创新设计型项目。以工程机械专业方向的核心专业课程"钢结构设计"为例，为更好地提高课堂教学效果，使学生对于钢结构的认识更加深刻，经教研室教师一起反复研讨，最终确定了与"有限元原理及应用"课程共同设立三级项目式教学方法，通过课堂知识学习、课下查阅资料、小组讨论、项目制作及PPT汇报等，使学生全面深入地掌握课程内容并学以致用。该三级项目内容包括：对现有起重运输机械典型钢结构进行调研，每组学生至少调查三种钢结构，对其进行强度分析并提交分析报告；学生在调研的基础上，在教师给定的设计要求范围内，用三维设计技术自行设计一种新型钢结构；学生用有限元分析的方法对每一个方案进行有限元模拟，找出优缺点，最终小组讨论确定最佳设计方案，并对其进行加工，完成加载测试，提交测试报告。该三级项目用到了两门课程的讨论课学时、实验课学时、上机学时以及学生课外调研及撰写报告等共30学时。项目的考核方式结合了学生的出勤情况、分析结果、虚拟设计3D模型及二维工程图、钢结构样本的制作及测试，研究分析报告的撰写等各方面情况，两门课程单独设计考核内容并各有侧重。

　　另外，以"机械设计"课内实验为例，从实验自身出发，利用现有教学资源，在合理利用教学时间、优化实验内容形式、提升实验教师工程应用能力等方面着手，持续改进和提高实验教学效果，发挥课内实验教学在工程教育中的应有作用。可通过以下途径对该实验教学开展改革：（1）利用现有规定的实验学时，通过多种教学手段，提高实验课堂时间的利用率。当前形势下，通过增加实验学时或者对"机械设计"实验进行独立设课尚存在较大难度，唯有充分利用好有限的课内实验学时。目前，实验课基本流程是先由实验教师对实验原理、设备使用、实验步骤等进行一定时间的讲解和演示后，再组织学生开展实验。这样存在的问题是，实验中很多内容必须要向学生进行展示，但又会占用大量宝贵的实验课堂时间，无形中压缩了学生参与实验和思考问题、解决问题的时间，而且现场讲解过程中很多细节内容很难向全体学生清晰展示。为了解决这个问题，就要采用多种教学手段，提高实验讲解的效率，把更多的课堂时间留给学生。例如，在螺栓组连接实验中，通过网络改造，实验教师可以将实验软件的操作方法直接投放到学生电脑屏幕，让学生更快地掌握实验软件的使用方法；在轴系结构设计实验中，将各种装配件的图片和使用方法集中在幻灯片中展示，既避免了由实验教师逐一展示，占用较多课堂时间，又能够让学生在短时间内对各种配件有直观的认识，可以更加准确地知道如何选用配件用在自己设计的轴系当中。（2）优化实验内容，将验证性实验转化为开放性综合性实验。在前一阶段的教学研究中，笔者曾针对"机械原理"课内实验"齿轮范成原理"进行了教学改革尝试，通过计算机仿真手段，将齿轮范成原理实验由传统验证性实验转化为开放式综合性实验,取得了良好的教学效果。在该项实验的教学改革基础上,对"机械设计"课内实验中的"带传动效率测定"和"轴系结构设计"实验项目进行了进一步优化。"带传动效率测定"实验中,学生可以自行选定皮带形式及初拉力大小,进行多组实验对比后再得出实验结论,有效地激发了学生的实验学习兴趣,也能够在实验中了解实际应用的多种情况,实验效果明显好于教学改革前仅限于一种皮带效率的测定。在"轴系结构设计"中,在原有设定的综合性实验基础上,设计题目不仅仅局限于给定的若干条目,学生还可以通过查阅资料、根据实际工程应用情况,自己选定工况条件进行设计和组装,这样就大大增加了实验的开放性和工程的应用性,学生在实验课程中的相互交流还可以提高学生的综合能力。(3)将实验指导书变为应用手册,提高实用性,激发学生主动学习的兴趣。以往编制的实验指导书往往只注重单一实验项目的实验原理、仪器使用、实验步骤等。为了增强实验课面向实际工程应用的效果,进行改革后的实验指导书中加入大量有关实验的工程应用背景、实际应用中的常用手段、具体设备及配件的应用范围、引用的现行国家标准、主要参考资料等内容,对理论课教材的相关部分进行了有益补充。这样改编后的实验指导书可以作为学生开展实验的应用手册,具有较高的实用性,在学生参与实验过程中,有助于激发学生主动进行学习,获得更多有关实际工程应用的信息,进而使学生举一反三、开阔视野。(4)实验报告中增加分析环节,设置开放性问答。在改编实验指导书的基础上,对作为实验数据记录和分析的实验报告同样进行了修改。学生除了要记录和分析实验数据,还要对实验中出现的问题、误差等现象进行分析和解释,提出改进方法。此外,除了让学生在实验报告中完成"规定动作"的问答外,各实验项目设置了具有面向实际工程应用的开放性问题,旨在引导学生进行更深更广层面的思考。(5)实验测试手段与实际应用接轨。目前"机械设计"课内实验多使用的是教学实验仪器,虽然简单易用,但不利于学生掌握实际工程应用中的测试手段。以此为出发点,对螺栓组联接实验台进行了改造,接入工程实际使用到的应变采集仪。这样学生在实验中,能够对实际的采集原理和采集设备的使用有更加直观的认识,通过实验做到了与实际工程应用的接轨。

2.二级项目

二级项目是综合设计型实物项目，包括各专业方向的综合课程设计、专业综合训练和机械设计课程设计项目等。根据专业培养目标及毕业要求，各专业组织开展了专业课程实践教学体系的研讨梳理工作，逐一确定专业实践教学的教学内容和教学方式，形成了各具特色的二级实物项目。

以冶金机械专业方向为例，冶金机械专业以满足社会需求作为确立和梳理人才培养目标的主要依据，以工程教育专业认证和课程规范化建设为抓手，实施基于 OBE-CDIO 的人才培养模式综合改革，整体推进以项目式实践教学为主线的工程教育改革，建立完善的项目式实践教学体系，加大专业实践教学环节的学时比重，突出学生实践能力与人文素质的培养。冶金机械专业二级项目立足于冶金机械专业的核心专业课，基于"冶金设备及工艺"和"PLC 控制技术"课程作方案设计（Comceive），基于"弹塑性理论"和"机械系统动力学"课程作结构设计（Design），基于"有限元数值模拟技术"和"MATLAB 与机械优化设计"课程作建模分析（Implement），基于"机械制造工艺学"作加工装配（Operate），结合项目的执行周期设计合理的考核节点，学生分小组完成项目的方案确定、可行性分析、成本核算，总体结构及部件和零件设计、加工制作，安装调试，答辩验收，让学生亲自体验了一个项目或产品自设计至生产的完整流程。冶金机械专业方向二级项目培养了学生解决复杂工程问题的能力，使学生深刻理解了专业特色，通过方案设计、可行性分析、成本核算、零件设计和制造、设备安装和调试等环节，使学生掌握了工程设计的基本流程，特别是起到了对工程教育认证毕业要求中非技术能力标准的培养，例如问题分析、创新意识、工程与社会、环境和可持续发展、个人和团队、沟通、自主学习等。

另外，以工程机械专业课程设计为例，将工程机械专业理论课程的相关内容有机结合起来，学生受到完整的设计过程训练，使学生对工程机械底盘设计、工作装置设计和电气控制的软硬件的设计过程有全面的了解，使学生掌握工程机械设计的基本方法，提高其分析问题和解决实际工程问题的能力，培养学生的工程观念，将整个课程内容有机而系统地结合起来。

工程机械专业课程设计

救援机器人是集成多项先进技术的多功能工程机器人，主要进行灾后救援作业，还可进行探测、搬运、阀门启闭等作业。在火灾、地震等自然灾害和意外事故的救援工作中扮演越来越重要的角色。本次课程设计将以履带式救援机器人为研究对象，开展底盘结构和工作装置的设计、制作和控制，初步掌握机械系统和电气控制系统的设计方法，训练如何查资料及学生的图表、数据处理、自动控制以及创新能力，使学生具备独立设计工程机器人产品的能力，提高综合应用已有知识解决问题的能力，更好地培养工程机械专业学生的专业技术能力和综合素质。

一、培养目标

1.发挥主体，培养学生的自主学习能力

一台完整的救援机器人模型制作，实践性强，需要的相关知识点较多，教师在课堂上的有限时间内并不能讲授全部内容，所以在课程设计教学实践环节中，尤其要注意学生的自主性学习和学习方法的指导，爱护和保护学生的好奇心和求知欲，帮助学生自主学习，独立思考。让学生边看书、边查阅相关资料、边自己动手实践，积极主动地去获取知识、获取信息，逐步掌握设计一台工程机器人产品的基本过程。

2.加强整合，培养学生的系统设计能力

工程机械专业与很多学科有着千丝万缕的联系，在课程设计中，要注重学科之间的有机融合。通过合理地构建课程设计教学团队，邀请具有丰富的机械设计、机电控制、加工装配实践经验的教师参与课程设计的具体指导。指导学生完成履带式救援机器人模型制作项目的系统设计，熟练掌握项目所涉及的相关内容，而且在实际操作中通过不断的探究获取新的知识，进而培养学生的系统设计能力。

3.开放交流，培养学生的团队协作能力

在整个课程设计过程中，尝试以学生为主体，教师起引导作用。将学生组成若干小组，每组完成一个项目，组内成员各自有不同的分工，由小组长负责

牵头。由学生自发组织相关资源自行去学习、收集素材。遇到问题，由小组成员商讨解决，解决不了的提请教师帮忙。通过这样的形式，不但培养了自己获取信息、传输信息、处理信息和应用信息的能力，而且也培养了自己与他人合作的能力。

4.注重应用和实践，培养学生的创新能力

救援机器人等工程机器人产品模型制作其特有的实践性决定了课程设计过程不宜单靠设计图纸来完成，应让学生边动脑边动手，把设计与思考的东西展示出来，通过不断地对比和修改，把在思考与设计环节预料不合理、不充分、不完善的地方纠正过来，对自己的设计作不断的修改和完善，从而达到创新的目的。

总之，课程设计教学作为教学的一个重要组成部分，要努力让学生得到多方面能力的发展，为学生全面素质的发展打下良好的基础，实现人的可持续发展，为学生一生的发展奠基。

二、主要任务

具体要求：自主设计一个用于灾后救援作业的履带行走救援机器人模型，完成一个完整的工程机器人装置模型的设计、制作，控制救援机器人完成一系列复杂的动作，如救援机器人的行走、转向、回转（可选），工作装置在工作空间内的救起、转运等基本动作。

救援机器人主要完成任务分为两个阶段：

第一阶段：沿指定路线行走，并在规定位置控制救援机器人完成前进、后退、转向、整机的回转（可选）、工作装置的救起和转运等一系列动作。

第二阶段：沿指定路线进入作业现场，对人体实验模型进行施救工作。将指定位置的模型救起并转运到另一个指定位置。根据完成的救援作业的质量和时间进行评分，其中将救援过程的安全性作为重要的评分依据。

三、主要内容

1.资料分析

查阅相关文献资料，对资料进行分析总结。

2.救援机器人总体设计

确定救援机器人的具体任务要求，根据任务初步拟定救援机器人的技术参数、工作形式、机械结构、驱动方案、传动方案、控制方案等，进行承载能力及工作空间计算分析等。

3.救援机器人机械结构设计

将救援机器人分解为底盘行走装置、工作装置和回转装置（可选）等若干部分，分别对各个结构的关键部件进行详细设计并校核。至少要进行两个以上设计方案的优化设计过程，并在课设报告中体现出来，从实现方式、加工制造工艺要求、成本核算等方面进行对比分析，优选最终实施方案。绘制确定方案的救援机器人总装配和关键零部件图的工程图纸，图纸内容包括总装图、组件装配图、零件图。每组可选择采用一个（可根据时间调整）3D打印零部件。

4.电气系统设计

根据任务要求，完成相关电机驱动，电气控制回路和电源供给分配设计，绘制电气系统原理图。

5.控制方案设计

基于无线遥控器，采用 EPEC2024 PLC 控制器完成救援机器人控制系统硬件和软件的设计和系统调试。

6.进行系统组装、调试

进行救援机器人各功能演练，进行救援机器人施救作业比赛。编制课程设计说明书。

四、说明书与图纸要求

1.说明书

课程设计应独立完成，说明书叙述简明扼要，文理通顺，字迹端正，内容完整。注意设计说明书必须包括方案论证、所用方案成本分析、必要的设计计算、市场前景分析与预测、设备的使用说明书、程序清单等。

2.图纸

包括机械系统图纸一套、电气控制原理图一套。

五、主要分工

每 4～5 个学生为一组，相互协作完成所规定的研究内容，内容可以包括但并不限于这些内容。每个小组要标明每个人在总体工作中的贡献和工作比例或者每个人负责的内容，项目开始后，每组需提交组内成员分工负责内容。研究内容的质和量会影响到每组的最终成绩，鼓励学生自己选取感兴趣的研究内容进行创新设计和深入研究。

六、考核方式

指导教师根据学生的出勤情况，救援机器人设计的创新型、实用性，以及制作测试、研究报告的完成质量等方面情况综合评定每个学生的项目成绩。

1.本组学生自评分（20 分）

由本组学生相互打分，最后由组长签字后上交给指导教师，每组学生平均分不超过 16 分，最高分与最低分的分差不小于 5 分。重点考查学生在整个项目完成过程中的贡献大小。

2.指导教师评分（30 分）

由指导教师根据学生出勤、平时表现、图纸完成质量及其调试情况给学生打分。

3.汇报与比赛

（1）成本（10 分）：以最终提交的经过指导教师核算的成本分析表为准。成本最低者为第一名，依次类推。得分如下：

$$10-0.5\times（名次-1）$$

（2）PPT 汇报 5 分钟（10 分）：由现场评委打分。

（3）比赛（30 分）：参赛小组共 20 组，根据赛程要求和具体比赛结果评定成绩。每组两次机会，取成绩最好的一次为最终成绩。得分如下：

$$30-1\times（名次-1）$$

注意：比赛过程中，不能用手或其他物体移动救援机器人，如有移动发生，视为本次失败。

注：不参加课程设计的学生课程设计成绩为零分。

3.一级项目

一级项目是综合学生四年所学的基础知识与专业知识，结合专业特色和行业实际需求的综合型项目，主要由小型综合性项目（侧重基础）和毕业设计项目（侧重专业和综合）组成。小型综合性项目即创新与特长教育（一级项目），为学生在较低年级完成的小型项目设计与制作，即学生认知、创新的启蒙式项目；毕业设计项目，即学生在第八学期综合运用前七个学期所学知识完成的综合设计型项目。

以机械电子工程专业方向毕业设计一级项目为例。2017年机械电子工程专业方向选取了部分毕业设计一级项目进行了实物制作改革，该项目以行业需求为导向，全部过程由学生组队自主设计完成。整个过程共分3个阶段：第一阶段共4周，主要任务是市场调查、方案设计、可行性论证以及开题答辩；第二阶段共6周，主要任务包括零部件采购及加工、绘制电控原理图、元器件选型、零部件加工制造、完成主体装配及中期考核；第三阶段共7周，主要任务包括电控系统硬件装配、设备总装、开发人机交互界面、试运行、撰写毕业设计说明书及毕业答辩等环节。值得一提的是，方案可行性分析环节增加了产品的预算评估以及工程与社会、可持续发展等评估要求；集成装配环节主要锻炼学生的动手能力，同时发现设计中的不足之处，进而完善以培养学生独立解决问题的能力。

另外，以机械设计专业方向试点进行了毕业设计一级项目改革为例，机械设计专业方向以校企合作项目为背景，完成了"4层9车位升降横移立体车库"1：24模型的研制，旨在培养学生运用理论知识与工程实际相结合的能力，设置了方案论证、可行性分析、零部件采购加工、电控程序编制、集成装配等环节。方案论证环节采取现场答辩形式，充分调动学生的主动性，培养学生的创新意识；可行性分析环节增加了产品的预算评估，增强学生的成本控制意识；零部件采购加工环节由学生独立完成，使学生了解整个产品加工制造的全过程。作为机械类专业学生，电气控制是项目实施过程中的难点，学生不仅要熟悉 CPU、PLC、I/O 模块、触摸屏、行程开关等电子元器件的使用方法，短时间内还要自行编制控制程序和操控界面，这一环节在拓展学生知识面的同时进一步提高了学生的自学能力。集成装配环节主要锻炼学生的动手能力，同时发现设计中的不足之处，进而完善以培养学生独立解决问题的能力。

4.实践成效

对比传统的"灌输式"教学模式，项目式实践教学融合"教、学、做"三者于一体，让学生自己思考、自己设计、自己制作、自我完善，充分发挥了学生的主观能动性，实现课堂教学的"做中学"。学校自 2007 年开展项目式教学改革实践以来，取得了良好的教学成果和效果。机械工程学院成功申报了教育部质量工程项目——"学研产互动"与"做中学"创业型人才培养模式创新实验区，并且作为教育部 CDIO 工程教育模式项目组机械类组牵头单位实施CDIO 工程教育改革。在我国开始开展专业认证制度之后，该"项目式实践教学体系"成功地支撑了机械设计制造及其自动化专业通过了工程教育专业认证，学院教学成果获得 2018 年国家级教学成果二等奖，支持相关专业获批首批次国家级一流专业建设点，并为我国成功加入《华盛顿协议》组织起到了重要的促进作用。

学生在完成实践项目后也纷纷表示项目式实践教学给了自己更多的获得感。例如机械设计专业一名学生在完成毕业设计一级项目实物项目后发表如下感言："本次毕业设计是我首次进行完整综合的机械设计实战演练，它让我树立了正确的设计思想，培养了我对机械工程设计的独立工作能力，为我今后的设计工作打下了良好的基础。"

5.总结

高水平的课程项目和项目式实践教学体系，不但保证了符合行业需求人才的培养，也为学有余力的学生提供了广阔的个性发展空间，实现了以学生为中心的个性化培养。学生通过以项目为载体的一体化实践教学体系的培养，能够激发学习兴趣，学以致用，更好地掌握课程的理论知识。同时，特别有利于培养学生的问题分析、设计/开发解决方案、研究、工程与社会、环境和可持续发展、团队沟通、项目管理和终身学习等非技术因素的能力，实现知识、能力和素质的一体化培养，从而在人才培养的内涵上达到工程教育认证的要求。

第5章 我国工科专业实践教学体系构建案例

5.1 燕山大学机械设计制造及自动化

根据 2016 版教学计划,本专业培养方案中设置了完善的实践教学体系,实践类教学环节包括:金工实习、电子工艺实习、机械原理课程设计、机械设计课程设计、机械拆装实验、专业综合性实验、专业课程设计、生产实习、毕业论文、创业与经营实训、创新创业教育等必修课程 51.6 学分,以及专业限定选修课"专业技能实践"(3 学分),共计 54.6 学分,占总学分的 28.22%(＞20%),满足认证标准。此外,本专业还在工程基础类、专业基础类与专业类课程中设置了以项目为载体的团队形式实践教学环节,对于学生毕业要求能力的达成起到很好的支撑作用。

专业各实践教学环节都采用过程管理模式,规定了多元化的考评机制,对学生的学习态度、学习过程表现、学习结果等多方面进行考核,实现对毕业要求达成进行持续评估,很好地支撑了毕业要求的实践能力、创新能力、学生的沟通交流能力和团队协作精神。

本专业还与企业合作,开展实习、实训等实践教学环节,近三年共有 1369 人到企业实践基地参与了企业实习,接受了企业相关技术人员的教学指导。

表 5-1   实践教学体系

环节名称	内容要求与教学方式	学分要求	考核与成绩判定方式
金工实习 A	内容要求： 学习内容包括：铸造、锻压、焊接、热处理；切削加工的基本知识、车工、铣工、钳工、数控加工、特种加工；机电基础。要求学生在课程学习后，掌握复杂机械系统及零部件的制造工艺过程，能够运用课程知识制定工件的加工方案并完成加工。 教学方式： 以校内国家级工程训练中心为依托，进行校内集中工程训练。	5	1. 要求学生在实习的各个环节能独立正确操作机床完成工件加工，最后结合加工工件质量进行评分，占总成绩的 60%； 2. 遵守安全操作规程、劳动纪律和考勤制度，占总成绩的 5%； 3. 每周实习结束后由实习指导教师对实习报告进行审阅，实习报告成绩占总成绩的 5%； 4. 上机考试考查学生对各种加工工艺理论、方法、加工质量、加工经济性、安全规范等的掌握程度，成绩由考试系统给出，占总绩的 30%。
机械原理课程设计(三级项目)	内容要求： 学生分组提出解决实际机械问题的设计目标，给出工作原理、原始数据及设计要求，根据工艺动作要求拟定运动循环图，进行各部分传动机构的选型，提出 2～3 种传动方案，确认方案、设计任务后完成设计并进行答辩，提交设计图纸、说明书。 教学方式： 与机械原理课程同步进行，在教师的指导下由学生分组独立完成。	1	1. 不得缺勤，缺勤一次扣 5 分； 2. 要求学生按照讨论题目分组查阅资料，归纳总结，撰写报告，汇报用 PPT 进行课堂讨论，占总成绩的 10%； 3. 组内成员根据自己所作贡献的大小给出自评分，占总成绩的 20%； 4. 图面与设计报告优劣占总成绩的 50%； 5. 学生答辩情况占总成绩的 20%。
电子工艺实习 B	内容要求： 学生自己动手完成数字万用表或全自动充电器、贴片式调频收音机及电子产品小制作的开发、设计、组装、调试，了解一般的电子工艺知识和电子产品的生产过程，写出一份书面报告。 教学方式： 教师做基本原理及要求的讲解，并给予必要的指导，学生独立操作。	1	1. 遵守劳动纪律和考勤制度，不得缺勤，积极主动，有良好的团队精神和创新意识，占总成绩的 10%； 2. 实际操作质量占总成绩的 5%； 3. 万用表/充电器的整机焊接装配质量占总成绩的 50%； 4. 收音机的整机焊接装配质量占总成绩的 25%； 5. 实习报告占总成绩的 10%。

（续表）

环节名称	内容要求与教学方式	学分要求	考核与成绩判定方式
机械拆装实验(三级项目)	内容要求： 本实验课程的实验内容包括：齿轮泵、蜗轮蜗杆减速器、钻铣床、变速箱、汽油发动机、水泵等，要求学生完成设备的拆卸、装配与运转，能将课程知识与实际工程机械功能相对应，提交实验报告。 教学方式： 指导教师讲述实验设备原理、结构等，并根据实际具体情况给予指导，由学生独立完成操作。	1	1. 要求学生能够通过拆装过程学会设计开发实现特定功能的复杂机械系统，教师依据操作的完成度进行评价，占总成绩的40%； 2. 要求学生在实验过程中能够对各种复杂工程机构进行合理的数据分析和综合，教师依据实验报告的完成情况进行评价，占总成绩的60%。
机械设计课程设计A(二级项目)	内容要求： 要求学生进行减速器箱体结构设计及其附件的设计，绘制装配图和零件工装图，提交设计报告。 教学方式： 课程设计期间以学生独立绘图为主，指导教师2～3次集中讲解并辅以分散性的指导答疑，并针对学生特定方案进行装配图检查、讲解。	4	1. 在课程设计过程中，要求学生有严谨的工作态度、良好的职业道德，积极就主要问题与同学进行讨论并得到有效结论，教师根据以上表现评价平时成绩，占总成绩的20%； 2. 能够依据工程实际需求，设计开发实现特定功能的复杂机械系统以及系统中的零部件，系统设计开发过程中，能够考虑安全、经济、环境等因素，教师根据最终提交的图纸和报告进行评价，图面成绩占总成绩的50%，报告成绩占总成绩的15%； 3. 学生答辩情况占总成绩的15%。
生产实习B	(以机械电子工程方向为例) 内容要求： 以各分厂典型零件生产为主线，全面了解产品生产的全过程，拓宽专业知识面。 教学方式： 1. 指导教师培训讲解实习内容； 2. 企业技术人员现场讲解和解答； 3. 企业管理人员演讲报告。	3	1. 学生按小组划分，去不同的车间进行轮换实习，教师依据实习过程中学生的人文素养和职业道德感评价平时表现，占总成绩的20%； 2. 学生根据教师讲解和企业技术人员汇报了解本专业实际生产的现状、前沿及发展趋势，了解相关法律、法规，教师依据实习日志记录进行评价，占总成绩的20%； 3. 学生整理总结实习过程的各方面问题进行汇报，教师进行针对性提问考核，根据答辩情况进行成绩评价，占总成绩的30%；

（续表）

环节名称		内容要求与教学方式	学分要求	考核与成绩判定方式
生产实习 B				4. 实习知识问答(含笔试)验证和巩固课堂所学的理论知识，培养学生理论联系实际的能力，占总成绩的30%。
专业综合性实验(二级项目)		(以冶金机械方向为例) 内容要求： 制作出合格的压力传感器，进行标定，针对冶金机械领域轧机等对象进行实验，采集实验数据，应用冶金机械方向的基础和专业知识对实验结果进行分析，综合得出合理正确的结论，提交实验报告。 教学方式： 指导教师讲解后，学生以小组为单位完成实验项目操作，指导教师在此过程中进行监督和指导。	1	1. 要求学生所有实验均需签到签离，每缺勤一次扣 5 分，无故缺勤 2 次者，取消本门实验课成绩； 2. 要求学生掌握复杂机械系统的测试及实验方法，安全、完整、独立地进行实验，教师依据预习情况和实验完成情况进行评价，占总成绩的40%； 3. 要求学生学会针对具体复杂机械工程问题实验数据进行采集、处理和解释，教师依据数据处理的完整度、清晰度、合理度进行评价，占总成绩的40%； 4. 要求学生能够应用机械工程的基础和专业知识，对复杂机械工程问题进行数据分析和综合，得到有效结论，教师依据实验报告的书写质量与内容完整情况进行评价，占总成绩的20%。
专业课程设计(二级项目)	机电产品设计	内容要求： 学生需要在本课程设计中完成智能机器人系统完整的设计、制作以及调试过程，完成资料分析、机器人总体设计、机器人机械结构设计、运动控制方案设计，绘制机器人总装图和关键零部件图,编制课程项目报告。 教学方式： 学生 4～5 人为一组，可在三个方向中选取一个方向完成机器人系统的设计制作，最终以比赛的形式验收。	4	1. 组内学生自评成绩由本组学生根据对项目贡献多少、成本分析以及团队合作能力进行相互打分，占总成绩的15%； 2. 指导教师评阅成绩由指导教师根据学生出勤、平时表现、项目规范性、图纸完成质量及其制作调试情况给学生打分，考查学生的工程职业道德、针对复杂工程问题的设计能力、创新意识、工程项目的管理和技术经济性分析能力、设计环节中考虑社会与法律等因素，占总成绩的25%； 3. 根据赛程要求和具体比赛结果评定比赛成绩，占总成绩的30%；

（续表）

环节名称		内容要求与教学方式	学分要求	考核与成绩判定方式
专业课程设计(二级项目)	机电产品设计			4. 由现场评委根据项目报告、工程图以及答辩表现、答辩成绩，考查学生的文献资料检索的知识和能力、针对复杂工程问题的设计能力、报告撰写能力、交流沟通能力等，占总成绩的30%。
	机电液一体化系统	内容要求： 学生以小组形式选择一种机器人进行设计，主要内容包括：完成机器人的形态结构设计以及运动机构方案设计，按照机构动作设想进行整体结构设计和执行元件选型、完成机构装配方案设计，撰写系统设计计算说明书，并结合设计方案阐述本组方案的可行性、机构优点和造价经济性。 教学方式： 以小组形式进行，每个项目组由4名学生组成，配有1名指导教师和1名实验指导教师；以学生自主学习为主，教师指导为辅，4名学生分别负责设计、选型、制作、调试，最终以小组进行答辩。	4	1. 答辩：根据答辩情况进行评价，考查学生针对复杂工程问题的设计能力、交流沟通能力等，占总成绩的30%； 2. 提交材料：根据机构设计的可行性、新颖性，气动及电气原理图可行性、所设计机器人的整体设计水平、图纸质量、说明书质量、总成本等进行评价，考查学生的文献资料检索的知识和能力、针对复杂工程问题的设计能力、报告撰写能力、创新意识、工程项目的管理和技术经济性分析能力、设计环节中考虑社会与法律等因素等，占总成绩的30%； 3. 组内互评：每组学生根据小组内部贡献度进行打分，占总成绩的10%； 4. 指导教师评分：指导教师根据学生学习情况和平时表现给分，考查学生的职业道德、设计能力、创新意识等，占总成绩的30%。
	起重运输机械设计课程设计	内容要求： 本课程设计要求学生自主设计一个典型工程机械模型，完成工程机械装置从设计到制作调试的全过程，并控制装置完成一系列复杂动作。 教学方式： 以小组形式进行，每个项目组配有1名指导教师，以学生自主学习为主，教师指导为辅，最终以小组进行答辩。	4	1. 组内学生自评成绩：本组学生相互打分，重点考查学生在整个项目完成过程中的贡献大小，占总成绩的20%； 2. 指导教师评阅成绩：由指导教师根据学生出勤、平时表现、图纸完成质量及其调试情况给学生打分，考查学生的工程职业道德、针对复杂工程问题的设计能力、创新意识等，占总成绩的30%； 3. 汇报答辩成绩：包括现场评委对PPT汇报打分和根据设计目标和样

环节名称		内容要求与教学方式	学分要求	考核与成绩判定方式
专业课程设计（二级项目）	起重运输机械设计课程设计			机模型动作完成度对项目实际演示打分，考查学生针对复杂工程问题的设计能力、交流沟通能力等，占总成绩的 50%。
	机械制造工艺及夹具课程设计	内容要求： 本实践环节为专业二级项目，项目题目：***零件***工序专用（组合）夹具制造与装配，主要内容包括：夹具零件制造、夹具装配、夹具精度检测及改进方案、夹具成本估算。学生对项目实施过程进行总结，最终提交项目报告，并制作 PPT 完成答辩。 教学方式： 学生以小组为单位选定题目，完成项目从选题到实现的全过程，在此过程中指导教师负责指导和评阅。	4	1. 要求学生具备文献资料检索能力，能用于零件制造的工程问题，提出切实可行的解决方案并予以实施，同时在设计中体现创新意识，考虑社会、健康、安全、法律、文化以及环境等因素，初步具备项目管理和经济分析能力，教师通过对项目过程中夹具零件工艺规程编制、夹具零件制造质量与检测、夹具装配及精度检测、夹具成本估算、夹具设计改进方案、制造装配与检测方案进行评价，占总成绩的 50%； 2. 要求学生能够对零件制造的工程问题进行有效沟通和交流，清晰表达，由课程答辩委员会根据答辩情况进行评价，占总成绩的 50%； 3. 要求学生能够具有团队精神和能力，具有良好的工程职业道德和责任感，由组长组织组员进行自评与互评，确定每位同学在组内的排名，形成个人总成绩的调整。
	冶金机械专业课程设计	内容要求： 本课程设计要求学生自主设计完成一个典型机械工程装置，完成机械工程装置从设计到制作调试的全过程，并控制装置完成系列动作。 教学方式： 以小组形式进行，每个项目组配有 1 名指导教师，以学生自主学习为主，教师指导为辅，最终以小组提交实物模型进行演示并答辩。		1. 组内学生自评成绩：由本组学生相互打分，重点考查学生在整个项目完成过程中的贡献大小，占总成绩的 20%； 2. 指导教师评阅成绩：由指导教师根据学生出勤、平时表现、图纸完成质量及其调试情况给学生打分，考查学生的工程职业道德、针对复杂工程问题的设计能力、创新意识等，占总成绩的 30%； 3. 汇报答辩成绩：包括现场评委对 PPT 汇报打分和根据设计目标和样机模型动作完成度对项目实际演示打分，考查学生针对复杂工程问题的设计能力、交流沟通能力等，占总成绩的 50%。

（续表）

环节名称		内容要求与教学方式	学分要求	考核与成绩判定方式
专业课程设计(二级项目)	机械系统设计及制造课程设计	内容要求： 根据选定的题目进行典型机械系统方案设计、主参数计算、系统结构设计和关键零件工艺卡编制，最终提交设计图、说明书和工艺卡。 教学方式： 以小组形式进行，每个项目组配有1名指导教师，以学生自主学习为主，教师指导为辅，课程结束时进行答辩。	4	1. 项目设计评分考查学生针对复杂工程问题的设计能力、在设计中考虑社会和法律因素，初步具备项目管理和经济分析能力等，占总成绩的50%； 2. 组内学生自评由本组学生相互打分，重点考查学生在整个项目完成过程中的贡献大小，占总成绩的20%； 3. 指导教师评阅由指导教师根据学生出勤、平时表现、图纸完成质量及其调试情况给学生打分，考查学生的工程职业道德、针对复杂工程问题的设计能力、创新意识等，占总成绩的20%； 4. 报告撰写考查学生的文献资料检索的知识和能力、针对复杂工程问题的报告撰写能力，占总成绩的10%。
专业技能实践(必选)		（以机械制造及其自动化方向为例，与专业课程设计合并进行） 内容要求： 本实践环节为专业二级项目，项目题目：***零件***工序专用(组合)夹具制造与装配，主要内容包括：夹具零件制造、夹具装配、夹具精度检测及改进方案、夹具成本估算。学生对项目实施过程进行总结，最终提交项目报告，并制作PPT完成答辩。 教学方式： 学生以小组为单位选定题目，完成项目从选题到实现的全过程，在此过程中指导教师负责指导和评阅。	3	1. 要求学生具备文献资料检索能力，能用于零件制造的工程问题，提出切实可行的解决方案并予以实施，同时在设计中体现创新意识，考虑社会、健康、安全、法律、文化以及环境等因素，初步具备项目管理和经济分析能力，教师通过对项目过程中夹具零件工艺规程编制、夹具零件制造质量与检测、夹具装配及精度检测、夹具成本估算、夹具设计改进方案、制造装配与检测方案进行评价，占总成绩的50%； 2. 要求学生能够对零件制造的工程问题进行有效沟通和交流，清晰表达，由课程答辩委员会根据答辩情况进行评价，占总成绩的50%； 3. 要求学生能够具有团队精神和能力，具有良好的工程职业道德和责任感，由组长组织组员进行自评与互评，确定每位同学在组内的排名，形成个人总成绩的调整。

（续表）

环节名称	内容要求与教学方式	学分要求	考核与成绩判定方式
毕业设计	（以工程机械方向为例） 内容要求： 本专业毕业设计是培养学生综合运用所学知识，分析解决工程实际问题，提高创新能力的重要教学实践环节。主要内容包括：工程机械相关产品的应用与研究背景概述、工程机械本体结构设计、工程机械驱动系统设计，并撰写开题报告、毕业设计说明书，完成开题答辩、中期答辩及毕业答辩。 教学方式： 由指导教师或学生提出题目，毕业设计（论文）指导小组讨论通过后由系主任批准实施，由学生独立完成全过程，指导教师负责指导和评阅。	17	1. 开题考核：着重考查学生的开题论证与综述、毕业设计进度计划及可行性，要求学生具备文献资料检索的知识和能力，具备针对复杂工程问题能够制定解决方案的能力，具备就复杂机械工程问题撰写报告和设计文件的能力，具备良好的交流沟通能力； 2. 中期考核：着重考查学生的工作进度、完成任务的质量、分析解决问题能力及创新能力，要求学生具备设计开发实现特定功能的工程机械的设计能力，具有创新意识，考虑社会、健康、安全、法律、文化以及环境等因素，具备工程项目的管理和技术经济性分析能力； 3. 指导教师评审：指导教师在答辩前对学生毕业设计（论文）进行全面审查，并对学生的工作能力、学习态度、平时表现及团队精神等各方面作出评价； 4. 评审组评审：答辩前以系（专业）为单位组成评审组对学生提交的设计图纸、计算说明书（论文）及译文进行评阅，考查学生是否完成实现特定功能的设计方案，是否具备针对复杂机械工程问题撰写报告和设计文件的能力； 5. 答辩：答辩将全面考查学生的毕业设计（论文）工作。

5.2 燕山大学材料成型及控制工程

根据 2016 版最新教学计划，本专业培养方案设置了完善的实践教学体系，包括金工实习、电子工艺实习、机械原理课程设计、机械设计课程设计、机械拆装实验、专业综合性实验、专业课程设计、生产实习、毕业论文等工程实践环节，专业将在四年内安排集中工程实践性环节 37 学分，以及必选的专业选修课"专业技能实践"（学时 3 周，3 学分），必修占总学分 22.04%（＞20%），满足认证标准。

此外，本专业还在大部分工程基础类、专业基础类与专业类课程中设置了以项目为载体的实践环节（三级项目），对于学生毕业要求能力的达成起到很好的支撑作用；实践教学中具有明确的教学内容和考评机制，有以团队形式完成的实践教学活动，对于毕业要求的实践能力、创新能力、学生沟通交流能力和团队协作精神的达成具有很好的支撑作用。

本专业的毕业设计选题结合了本专业的工程实际问题，开展了工程设计，培养了学生的工程意识和设计能力。

表 5-2　实践教学体系

环节名称	内容要求与教学方式	学分要求	考核与成绩判定方式
金工实习	内容要求： 学习内容包括：铸造、锻压、焊接、热处理；切削加工的基本知识、车工、铣工、钳工、数控加工、特种加工；机电基础。要求学生在课程学习后，掌握复杂机械系统及零部件的制造工艺过程，能够运用课程知识制定工件的加工方案并完成加工。 教学方式： 以校内国家级工程训练中心为依托，进行校内集中工程训练。	5	1. 要求学生在实习的各个环节能独立正确操作机床完成工件加工，最后结合加工工件质量进行评分，占总成绩的 60%； 2. 遵守安全操作规程、劳动纪律和考勤制度，占总成绩的 5%； 3. 每周实习结束后由实习指导教师对实习报告进行审阅，实习报告成绩占总成绩的 5%； 4. 上机考试考查学生对各种加工工艺理论、方法、加工质量、加工经济性、安全规范等的掌握程度，成绩由考试系统给出，占总成绩的 30%。
电子工艺实习	内容要求： 学生自己动手完成数字万用表或全自动充电器、贴片式调频收音机及电子产品小制作的开发、设计、组装、调试，了解一般的电子工艺知识和电子产品的生产过程，写出一份书面报告。	1	1. 遵守劳动纪律和考勤制度，不得缺勤，积极主动，有良好的团队精神和创新意识，占总成绩的 10%； 2. 实际操作质量占总成绩的 5%； 3. 万用表/充电器的整机焊接装配质量占总成绩的 50%； 4. 收音机的整机焊接装配质量占总成绩的 25%； 5. 实习报告占总成绩的 10%。

（续表）

环节名称	内容要求与教学方式	学分要求	考核与成绩判定方式
电子工艺实习	教学方式： 教师作基本原理及要求的讲解，并给予必要的指导，学生独立操作。		
机械原理课程设计	内容要求： 学生分组提出解决实际的机械问题的设计目标，给出工作原理、原始数据及设计要求，根据工艺动作要求拟定运动循环图，进行各部分传动机构的选型，提出 2～3 种传动方案，确认方案、设计任务后完成设计并进行答辩，提交设计图纸、说明书。 教学方式： 与机械原理课程同步进行，在教师的指导下由学生分组独立完成。	1	1. 不得缺勤，缺勤一次扣 5 分； 2. 要求学生按照讨论题目分组查阅资料，归纳总结，撰写报告，制作汇报用 PPT 进行课堂讨论，占总成绩的 10%； 3. 组内成员根据自己所作贡献的大小给出自评分，占总成绩的 20%； 4. 图面与设计报告优劣占总成绩的 50%； 5. 学生答辩情况占总成绩的 20%。
机械拆装实验（三级项目）	内容要求： 本实验课程的内容包括：齿轮泵、蜗轮蜗杆减速器、钻铣床、变速箱、汽油发动机、水泵等，要求学生完成设备的拆卸、装配与运转，能将课程知识与实际工程机械功能相对应，提交实验报告。 教学方式： 指导教师讲述实验设备原理、结构等，并根据实际具体情况给予指导，由学生独立完成操作。	1	1. 要求学生能够通过拆装过程学会设计开发实现特定功能的复杂机械系统，教师依据操作的完成度进行评价，占总成绩的 40%； 2. 要求学生在实验过程中能够对各种复杂工程机构进行合理的数据分析和综合，教师依据实验报告的完成情况进行评价，占总成绩的 60%。
机械设计课程设计 A	内容要求： 要求学生进行减速器箱体结构设计及其附件的设计，绘制装配图和零件工装图，提交设计报告。 教学方式： 课程设计期间以学生独立绘图为主，指导教师 2～3 次集中讲解并辅以分散性的指导答疑，并针对学生特定方案进行装配图检查、讲解。	4	1. 在课程设计过程中，要求学生有严谨的工作态度、良好的职业道德，积极就主要问题与同学进行讨论并得到有效结论，教师根据以上表现评价平时成绩，占总成绩的 20%； 2. 能够依据工程实际需求，设计开发实现特定功能的复杂机械系统以及系统中的零部件，系统设计开发过程中，能够考虑安全、经济、环境等因素，教师根据最终提交的图纸和报告进行评价，图面成绩占总

（续表）

环节名称	内容要求与教学方式	学分要求	考核与成绩判定方式
机械设计课程设计A			成绩的 50%，报告成绩占总成绩的15%； 3. 学生答辩情况占总成绩的 15%。
专业综合性实验	内容要求： 通过自制仪器设备进行有、无摩擦镦粗实验，选择不同材料进行变镦粗比实验，进行实验数据记录与分析。通过自制仪器设备进行变挤压比挤压实验，可选择不用材料进行实验，进行实验数据记录与分析。通过自制仪器设备对镦粗及挤压后的材料进行性能分析实验，记录数据。结合理论、有限元计算方法，对大变形程度的反复加载应力应变情况进行分析。 教学方式： 指导教师讲解后，学生以小组为单位完成实验项目操作，指导教师在此过程中进行监督和指导。	1	1.课前预习制定实验方案、答辩，占总成绩的 10%； 2.实验操作和数据记录的表现，占总成绩的 30%； 3.实验数据处理占总成绩的 30%； 4.实验报告占成绩的 30%。
生产实习A	内容要求： 1.了解常用塑性加工的主要设备类型和用途； 2.了解金属件的塑性加工工艺、加工过程与模具结构； 3.了解金属件塑性加工的常见工艺缺陷及产生原因； 4.以一个或几个典型件为主线，了解成型及机械加工全过程； 5.了解材料成型专业各相关学科的设备工艺，以拓宽专业知识面； 6.了解金属件塑性加工车间的机构组织、车间布局、设备类型及用途、生产能力等情况； 7.了解实际生产中的组织管理、质量控制、成本控制等流程。	3	1.实习日记（占总成绩的 30%）：根据实习日记的完整性及质量由指导教师考评； 2.实习报告（占总成绩的 30%）：根据实习日记的完整性、质量及是否有合理化建议由指导教师考评； 3.考试（占总成绩的 40%）：全面考查生产实习的完成情况，由指导教师考评。

（续表）

环节名称	内容要求与教学方式	学分要求	考核与成绩判定方式
生产实习 A	教学方式： 任课教师中，应指定带队教师，一般由副教授以上职称的教师担任。在实习之前，应认真考察待实习工厂的生产工艺及设备的特点，安排好全部实习时间及内容，及时检查督促学生进行实习，提出问题并与学生一起讨论研究。		
专业课程设计（二级项目）	（模具方向为例） 内容要求： 通过"工艺方案—模具结构—三维设计—实验"项目体系训练，使学生能够深入理解和掌握冲压工艺的工艺原理，通过三维设计及实验，既能培养学生模具三维设计能力，还能提高学生的动手操作能力。 教学方式： 每个项目组由 5 名学生组成，配有 1 名指导教师，5 个学生分别负责计算、总装设计、三维设计、零件设计和实验。	4	1. 图纸、设计文件和设计过程，涵盖零部件设计、报告撰写，工程实践和复杂工程问题解决方案对社会、健康、安全、法律以及文化的影响（占总成绩的 50%）； 2. 答辩报告，包括方案论证、现代工程工具的使用、现代工具局限性、陈述表达、技术经济性分析（占总成绩的 50%）。
专业技能实践（二级项目）	（锻压方向为例） 内容要求： 通过"工艺方案—模具结构—三维设计—锻模设计"项目体系训练，使学生能够深入理解和掌握锻模的设计原理，通过三维设计能培养学生的模具三维设计能力。 教学方式： 每个项目组由 5 名学生组成，配有 1 名指导教师，5 个学生分别负责计算、方案设计、三维设计、型槽设计和锻模图设计。	3	1. 图纸、设计文件和设计过程，涵盖零部件设计、报告撰写，工程实践和复杂工程问题解决方案对社会、健康、安全、法律以及文化的影响（占总成绩的 50%）； 2. 答辩报告，包括方案论证、现代工程工具的使用、现代工具局限性、陈述表达、技术经济性分析（占总成绩的 50%）。
毕业设计	内容要求： 本专业毕业设计是培养学生综合运用所学知识，分析解决工程实际问题，提高创新能力的重要教学实	17	1. 开题考核：着重考查学生的开题论证与综述、毕业设计进度计划及可行性，要求学生具备文献资料检索的知识和能力，具备针对复杂工

（续表）

环节 名称	内容要求与教学方式	学分 要求	考核与成绩判定方式
毕业设计	践环节。主要设计内容如下： 通过对典型成型设备或成型模具各功能模块的综合设计，培养学生利用现代设计技术进行机械系统的设计、计算、建模、仿真及分析能力，使学生能够掌握设备整机运行的系统方案，提高学生综合知识的运用能力，提高学生分析、解决问题的能力，初步设计能力及创新意识。 教学方式： 毕业设计的指导教师必须由具有讲师以上职称或具有硕士以上学位的教师担任，青年教师在承担此课之前必须进行岗前培训。指导教师的职责如下： （1）原则上每名指导教师指导学生人数 3~5 名，保证每生一题； （2）教师要提供必要的参考资料及可供选择的样图； （3）与学生一起进行方案论证，帮助学生确定最后的设计方案； （4）教师应及时掌握学生的设计进度，并答疑、督促检查，毕业设计（论文）期间，指导教师采用定期答疑或讨论的方式对学生进行指导，每周答疑或讨论不少于 2 次； （5）引导学生发挥主观能动性，鼓励创新。		程问题能够制定解决方案的能力，具备就复杂机械工程问题撰写报告和设计文件的能力，具备良好的交流沟通能力； 2. 中期考核：着重考查学生的工作进度、完成任务的质量、分析解决问题能力及创新能力，要求学生具备设计开发实现特定功能的工程机械的设计能力，具有创新意识，考虑社会、健康、安全、法律、文化以及环境等因素，具备工程项目的管理和技术经济性分析能力； 3. 指导教师评审：指导教师在答辩前对学生毕业设计（论文）进行全面审查，并对学生的工作能力、学习态度、平时表现及团队精神等各方面作出评价； 4. 评审组评审：答辩前以系（专业）为单位组成评审组对学生提交的设计图纸、计算说明书（论文）及译文进行评阅，考查学生是否完成实现特定功能的设计方案，是否具备针对复杂机械工程问题撰写报告和设计文件的能力； 5. 答辩：答辩将全面考查学生的毕业设计（论文）工作。
总计		共 40 学分，占总学分比例 22.04%	

5.3 北京理工大学车辆工程

车辆工程专业实践教学体系主要分为独立设置的实验课程、与课程捆绑的实验课程、实践周集中实践以及毕业设计（论文），如表 5-3 所示，为了保证课程目标得到落实，课程针对每项指标点设计了明确的课程目标，配套的教学内容、教学方法、考核方式，根据评分标准从考试成绩、实验操作、实验报告等多种途径评价学生的学习成果和表现。

表 5-3　车辆工程专业实践教学体系一览表

环节名称	内容要求与教学方式	学分/（学时或周数）	考核与成绩判定方式
	独立设置的实验课程		
物理实验B（I-II）	内容要求： 必做实验：（1）力学基本量的测量；（2）刚体转动惯量的测定；（3）金属杨氏模量的测定（静态法、动态法）；（4）声速测量；（5）光纤传输传感实验；（6）简谐振动的研究。还有若干学生选做实验，具体内容见课程大纲。 教学方式：讲授，观看实验操作演示；每人一套实验设备，独立动手操作，获得测量数据；师生间、学生间分析与讨论；撰写实验报告，评判实验报告。	2 学分/64 学时（每学期 32 学时）	绪论作业为百分制。每个实验给出一个百分制成绩，由预习、实验操作、实验报告几部分组成。期末总评成绩为该学期全部作业、实验成绩的平均成绩。
电工和电子技术（I-II）实验	内容要求：掌握电工测量、RC 电路的暂态过程、R、L、C 电路的频率特性，掌握单相交流电路、三相交流电路、放大电路的研究，熟悉集成运算放大器的应用，掌握整流、滤波、稳压电路，掌握组合逻辑电路及其应用，掌握触发器和移位寄存器的应用，掌握计数、译码、显示电路、变压器，实现继电接触器控制电路，可编程序控制器基本指令练习，完成可编程序控制器的综合实验。 教学方式：指导教师对实验仪器和软件进行讲解，并提醒每次实验的注意事项和易犯的错误。对于强电实验，要求必须老师检查接线后方可通电。	1 学分/32 学时	以平时动手、实验报告、最终考核在总成绩中的比例确定平时成绩的记录方法。

（续表）

环节名称	内容要求与教学方式	学分/（学时或周数）	考核与成绩判定方式
机械设计综合课程设计	内容要求：根据设计要求确定待设计产品的机械系统运动方案并进行优选，对该方案中的主体机构进行尺度综合，对主体机构进行运动分析和受力分析，绘制机构系统的运动简图，进行机构系统的运动协调、传动方案设计，计算有关零部件，绘制装配图和典型零件工作图，编写设计说明书，进行答辩。 教学方式：指导教师可自行选择设计题目，所选题目应满足课程内容要求，不宜过大，但要有创新空间。设计由学生独立完成，教师辅助指导，完成的图纸量为 1 张 A0 装配图，3 张 A1-A3 零件图，最后进行设计答辩。	2 学分/64 学时	由设计作品评定最终成绩。
与课程捆绑的实验课程（课内实验）			
计算方法课内实验	内容要求： 用 MATLAB 编写计算程序：（1）1、2、3、5 章上机计算；（2）6、7、8、9 章上机计算。 教学方式：上机编程。	0.25 学分/4 学时	考核形式：上机作业。
计算机科学与程序设计课内实验	内容要求：掌握图灵机模型与计算机硬件系统虚拟拆装，掌握仿真计算与 MATLAB，熟悉上机过程，掌握字符编码与信息交换，掌握文件管理与磁盘恢复，掌握指令的运行过程，掌握利用数组解决问题的一般方法，掌握函数的定义与调用方法，掌握指针的定义和使用以及有效利用指针进行程序设计的方法，掌握用结构类型来处理复杂数据的方法等。 教学方式：实践采用先验证后综合设计实验的方式，在解决实际问题的训练中，培养学生使用 C 语言进行程序设计的能力。	1.5 学分/24 学时	考核形式：上机作业。
机械制图（I-II）课内实验	内容要求：能正确使用绘图工具和仪器，掌握常用的几何作图方法，做到作图准确、图线分明、字体工整、整洁美观，会分析和标注平面图形尺寸；遵守《机械制图》国家标准的基本规定，掌握画零件图的方法和步骤；掌握与巩固机械制图《国家标准》中的有关规定，掌握查阅有关标准和资料的能力；了解技术要求及有关的工艺和设计知识；掌握	1.667 学分/32 学时	考核形式：CAD 制图作业和手工制图作业。

（续表）

环节名称	内容要求与教学方式	学分/（学时或周数）	考核与成绩判定方式
机械制图（I-II）课内实验	AutoCAD 的基本操作方法；掌握 AutoCAD 的文件操作和显示控制命令；熟悉如何在 AutoCAD 中进行作图环境的设置以及 AutoCAD 作图的一般操作流程；熟练掌握 AutoCAD 的二维作图与编辑命令，熟练掌握 AutoCAD 的尺寸标注命令。 教学方式：上机练习和手工制图练习。		
几何规范学课内实验	内容要求：掌握长度与角度检测的实验方法，掌握表面与形位检测的实验方法，掌握螺纹与齿轮检测的实验方法。 教学方式：学生分组同时进行，按照实验指导书的操作步骤，记录相关实验结果，并撰写相关的实验报告。	0.375 学分/6 学时	考核形式：实验报告和实验操作。
机械原理课内实验	内容要求：掌握机构运动简图测绘与分析方法，掌握齿轮范成加工的原理，掌握刚性转子的动平衡的方法和原理，掌握机构结构理论和机构运动分析，掌握连杆机构、凸轮机构分析与设计，掌握齿轮的啮合传动及轮系传动比计算方法。 教学方式：学生分组同时进行，按照实验指导书的操作步骤，记录相关实验结果，并撰写相关的实验报告。	0.857 学分/16 学时	考核形式：实验报告和实验操作。
机械设计课内实验	内容要求：掌握带传动实验的方法，掌握轴系结构拆装实验的方法，掌握滑动轴承实验的方法，掌握螺纹连接、带传动、齿轮传动、轴、轴承的设计方法。 教学方式：学生分组进行，按照实验指导书的操作步骤，记录相关实验结果，并撰写相关的实验报告。	0.857 学分/16 学时	考核形式：实验报告和实验操作。
传热学课内实验	内容要求：掌握流体的导热系数测定实验方法，掌握对热换热系数测定方法。 教学方式：学生分组进行，按照实验指导书的操作步骤，记录相关实验结果，并撰写相关的实验报告。	0.25 学分/4 学时	考核形式：实验报告和实验操作。

（续表）

环节名称	内容要求与教学方式	学分/（学时或周数）	考核与成绩判定方式
实践周集中实践			
流体力学B课内实验	内容要求：掌握雷诺实验的方法，掌握动量定理的实验方法，掌握伯努利方程实验方法，掌握沿程、局部阻力系数测定实验方法。 教学方式：学生分组进行，按照实验指导书的操作步骤，记录相关实验结果，并撰写相关的实验报告。	0.25学分/4学时	考核形式：实验报告和实验操作。
汽车学课内实验	内容要求：完成汽车动力性试验、汽车燃料经济性试验、现场汽车道路实验、汽车行车制动性能道路试验、汽车操纵稳定性试验、汽车平顺性试验。 教学方式：学生分组进行实验，按照实验指导书的操作步骤，记录相关实验结果，并撰写相关的实验报告。	0.75学分/12学时	考核形式：实验报告和实验操作。
车用发动机构造与原理课内实验	内容要求：完成发动机的速度特性实验和负荷特性实验，掌握该实验原理与方法。 教学方式：学生分组进行实验，按照实验指导书的操作步骤，记录相关实验结果，并撰写相关的实验报告。	0.125学分/2学时	考核形式：实验报告和实验操作。
军事训练	内容要求：针对我校具体情况，确立军事技能训练的教学内容，主要包括起步与立正、正步摆臂、稍息、跑步与立定、跨立、停止间转法、起步摆臂、起步与正步互换、起步与跑步互换、队列调整、方队训练与全师合练，最后进行阅兵，同时进行军歌学习、练习及军体操的演练，并根据实际情况组织野营拉练、紧急集合等内容。 教学方式：为便于组织实施《军训》课程，军训期间我校实施军队建制，即建立1个军训师，各自然班级被编排为1个排，每个学院的参训班级联合为1~2个军训连，每个学院为1个军训营，若干学院联合为1个军训团，现代科技学院为1个军训独立团。体军部负责教学实施，具体由国防教育教研室制订课程教学计划，并协调校教务处、各学院、承训部队等单位按照军训建制实施课程教学工作。	1学分/3周	考核形式：主要针对学生出勤情况、训练表现情况、参加军训期间的各类活动情况等方面，给出评定分数。

（续表）

环节名称	内容要求与教学方式	学分/（学时或周数）	考核与成绩判定方式
军事理论	内容要求：主要包括国防历史与我国国防、军事思想、军事高技术、周边安全环境、国际战略格局、台湾问题等方面。课程将不断调整国防知识、军事知识的深度和广度，课程教学将结合课堂教学、国防军事知识讲座、国防军事教育实践活动等形式。 教学方式：体军部负责教学实施，具体由国防教育教研室制订课程教学计划，组织安排教师、教室、校教务处、各学院、承训部队协助完成；采用电化教学、多媒体为主的教学手段进行讲解。	1.5 学分/3 周	考核形式：采用开卷笔试的考核形式。
社会实践	内容要求：掌握社会实践的主题和要求，学会社会调查方法，掌握社会实践的选题论证，提交符合要求和规范的调查报告。 教学方式：讲授、评阅、答辩。	2 学分/32 学时	考核形式：理论教学 20%，社会实践选题论证 20%，调查报告 60%。
数字化设计表达实训	内容要求：（1）对零部件进行实测，完成草图；分析工作原理，画装配示意图；（2）零部件三维造型表达；（3）完成装配，并根据三维装配模型生成二维工程图；（4）运动仿真、部件装配动画；（5）小组汇报展示 Group presentation。 教学方式：分组形式，下达总体任务和进度计划，各组自行组织管理；过程监控，检查前一天的进度及成果，评定进度分数；分组展示，其他组做评委，教师点评。	1 学分/1 周	考核形式：过程监控+文件提交。成绩构成：根据平时进度考核（40%）、出勤（10%）、小组演示（10%）、最终提交文件（40%），按百分制给出最终成绩。
电子实习（收音机装调）	内容要求：1. 提出实验目的、要求、评分标准和进度安排，产品收音机简介，收音机原理电路理论及焊接工艺的讲解，收音机检测调试办法说明等；2. 用专用印刷板进行焊接工艺训练；3. 收音机元器件检测、记录；4. 按照指导书要求安装和焊接元器件；5. 按指导书方法检测、调试、排查故障，作好故障分析、排查过程及调试过程记录；6. 撰写实习总结报告。 教学方式：教师讲授，并应用实物展示；提出要求：对收音机原理电路进行分析、排查故障，包括检测、调试的报告、感想收获。	1 学分/32 学时	考核形式：收音机制作工艺评估、性能指标验收、总结实习报告。各项考核项目均按照百分制给分，记录在成绩表中，总评成绩时按照各项比例进行加权，然后总和得出考核成绩。

（续表）

环节名称	内容要求与教学方式	学分/（学时或周数）	考核与成绩判定方式
实践训练通识课专项（艺术实践、科技实践、文化实践类）	内容要求：教师在社会实践前按思想政治理论课社会实践的基本要求与学生共同制定社会实践的课题，以学生深入基层开展社会调查活动为主。 教学方式：教师在社会实践开始之前对学生进行相关指示和方法的培训，然后学生组建实践团队，教师对学生进行全程督导，在社会实践结束后学生撰写《社会实践调查报告》，并提交形式多样的调查成果、团队总结和个人感受等材料，参与社会实践的展示评优及表彰活动。	2学分/4周	考核形式：根据学生提交的调查成果来考核。
工程软件应用训练	内容要求：学习工程软件的基础知识，熟悉工程软件在实际工程中的具体应用。 教学方式：通过计算机上机实验，掌握MATLAB的功能和使用方法，掌握LABVIEW的功能和使用方法，熟悉CAXA和PEOTEL软件的必要方法，为后续利用工程软件进行科学研究，工程应用和继续深造打下扎实的基础。	1学分/32学时	考核形式：期末考试60%+平时考查40%（4次作业32%，综合应用大作业8%）。
制造技术基础训练A	内容要求：通过制造技术基础训练，使学生初步接触生产实际，了解产品生产过程，学习金属材料加工的基础知识，对现代工业生产的运作方式有初步的认识，并在生产实践中，建立工程意识、提高工程素质、增强工程实践能力、培养创新精神和创新能力，为后续专业课程的学习打下坚实的基础。包括：材料成型技术实训、机械加工技术实训、数控加工技术实训、特种加工技术实训智能制造系统实训、机器人技术实训等部分。 教学方式：采用理论与实践相结合方式，先进行理论讲授，再进行实物展示，实践操作。	4学分/4周	考核形式：理论考核（占30%，包括考勤、课堂表现、提问、讨论等）；实践考核（占50%，包括考勤、训练态度、操作技能、作件质量、技术交流等）；综合能力评价（占20%，包括训练报告、学习总结、创新设计与制作方案等）。
专业认知与拆装实习	内容要求：知悉和理解汽车的总体构造和底盘各系统主要部件的功用、类型、组成、工作原理和性能特点等；知悉和理解汽车的总体构造和各主要部件的结构、内部零件装配关系以及拆装方法，掌握实习报告的撰写方法。正确使用各种常用和专用工具。 教学方式：讲授、提问、图片展示、实物展示。	3学分/3周	考核形式：包括出勤考核、操作技能考核、团队考核、实习报告等。

（续表）

环节名称	内容要求与教学方式	学分/（学时或周数）	考核与成绩判定方式
车辆工程专业生产实习	内容要求：主要内容包括入厂安全培训、企业及汽车产品介绍、主要工艺流程介绍、生产线参观、国际化企业参观与介绍、关键部件工艺流程参观等，目的是使学生在车辆及其零部件的设计中能够认真考虑机械加工和装配工艺的要求，为在生产制造领域适应工作需要和进一步学习打下良好的基础。使学生获得必要的机械加工和装配方面的工艺知识，学会从工艺、技术经济性观点去分析和评价车辆零部件的结构；系统地掌握车辆工程基础理论、基本知识、基本技能和所需的专业知识，初步具备综合运用所学知识分析和解决车辆工程中遇到的研究、设计制造以及实验等问题的能力；了解车辆技术发展的前沿现状和趋势，经历实际工业生产的训练；培养具有清楚地思辨、谈吐、组织的能力，具有以人为本、协作攻坚的团队精神。	3 学分/96 学时	考核形式：实习报告。成绩构成：平时考查：原则上 10 次实习笔记检查，每次 4 分，（课堂及网络课堂提问、研讨可适度奖励加分，每次 1 分，不能超过此项上限）共 40 分；实习报告：60 分。
专业创新创业实践	内容要求：能够结合个人兴趣及未来职业规划，针对选题背景，提出创新性选题内容；能够广泛查阅文献资料、深入调研，提出可行性方案；能够综合运用所学专业知识，有计划开展课题具体工作；能够根据课题内容需求，主动探索学习相关专业知识；能够撰写规范的汇报展示材料，答辩论述条理清楚。课题环节包括：师生双选、题目审核、开题答辩、中期检查、项目答辩、成果展示。 教学方式：结合本科生全员全历程导师制，由导师指导完成创新创业实践题目。	2.5 学分/不低于 5 周	考核形式：开题、中期、结题、成果展示。
毕业设计	内容要求：选题应从实际工程问题出发，可在理论、方法、技术、装置及具体应用等方面有所侧重，但原则上任何选题均应具备基本的工程训练内容；而且鼓励结合社会需要，与校外单位共同进行符合上述基本要求且具有较好实用价值和意义的选题。毕业设计（论文）应培养、锻炼、提高车辆工程专业本科生解决车辆工程实践问题的能力，实现在系统掌握车辆工程的基础理论、专业知识以及专业技能的基础上，具备综合运用所学知识分析、解决车辆工程实践中遇到的设计、研究及实验等问题的能力等。	10 学分/160 学时	考核形式：开题、中期、结题、成果展示。

5.4 东北大学冶金工程

为了强化学生理论与实践相结合的能力，必须形成较为完备的冶金工程专业的实践教学体系。将实践教学体系作为一个系统模块来构建，追求模块的完备性、一致性、稳定性和开放性。按照人才培养的基本要求，教学计划是一个整体。实践教学体系是整体计划的一部分，是一个与理论教学体系有机结合的、相对独立的完整模块。只有这样，才能使实践教学与理论教学有机结合、构成整体。

冶金工程专业根据自身特点，从培养创新意识、工程意识、工程兴趣、工程能力出发，对实验教学、工程训练、实习、毕业设计（论文）等关键实践性环节进行整体、系统的优化设计，明确各实践教学环节在总体培养目标中的作用，把基础教育阶段和专业教育阶段的实践教学有机衔接，使实践能力的训练构成一个整体，与理论课程有机结合，贯穿于人才培养的全过程。

（1）实验教学

实验教学是本科教育的重要组成部分，东北大学一贯重视实验教学体系的建设，通过专业实验教学培养学生的动手能力、科研能力、工程能力和创新能力，使学生适应社会的需求，并专门出台了《东北大学关于推进实验室体制改革加强实践教学工作的若干意见》（东大教字〔2003〕18号）。冶金学院设立了冶金本科实验教学中心，对专业实验教学工作进行研究、咨询、指导、评估、服务，充分发挥参谋和决策助手作用。中心下设钢铁冶金、有色金属冶金、冶金物理化学3个实验室，各承担3个子学科的实验课程。

冶金工程专业的"冶金实验"课程主要由验证性实验、设计性实验、综合性实验和创新性实验构成，按3个学科方向的具体要求设置不同数量的实验。其中，钢铁冶金方向设置9个，有色金属冶金方向设置14个，冶金物理化学方向设置6个具体实验项目。验证性实验共有8个，占27.6%；其余为设计性、综合性和创新性实验，占72.4%，符合专业认证标准。

表 5-4　冶金工程专业实验课程设置

方向	实验名称	实验项目	实验学时	实验要求	实验类型
钢铁冶金	炼铁综合实验	铁矿微型烧结实验	4	必修	创新型
		炼铁炉料冶金性能检测	4		验证性
	炼钢综合实验	感应炉炼钢	4	必修	创新型
		钢中非金属夹杂物观察与分析实验	4		设计型
	基础物性测定综合实验	炉渣熔点熔速测定	4	必修	设计型
		耐火材料抗热震性实验	4		验证型
		耐火材料气孔率和体积密度测定	4		验证型
		差热分析仪测定碳酸盐的分解温度	4		综合型
		电磁搅拌磁场特性测试及金属运动行为	4		综合型
	钢铁冶金工艺基础综合实验	填充床内气固两相运动行为研究	4	必修	综合型
冶金物理化学	利用红土镍矿制备镍铁合金	碳热还原法制备镍铁合金	8	必修	综合型
		镍铁合金的磁选分离	6		创新型
		分光光度法测定镍、铁含量	6		验证型
	氢还原法制备纳米镍粉及表征	沉淀法制备氢氧化镍前驱体粉末	6	必修	创新型
		氢还原法制备纳米镍粉	8		创新型
	冶金反应动力学实验	轻质碳酸镁的热分解动力学	6	必修	综合型
有色金属冶金	熔盐电化学综合实验	铝电解质-碳素材料润湿角测定	2	必修	验证型
		铝电解质初晶温度测定	2		
		铝电解质表面张力测定	2		
		硝酸钾结构的激光 Raman 光谱法测定	2		
	特殊冶金工艺实验	微波固相合成与微波焙烧研究	3	必修	创新型
		自蔓延技术的应用研究	2		
		微波浸出研究	3		
		超声波与光催化材料协同作用降解罗丹明 B 溶液研究	2		
	稀土清洁冶金工艺研究	P204 萃取稀土分配比的测定及分配比与 pH 值的关系	4	必修	综合型
		稀土精矿焙烧过程的研究	3		
		衍生气相色谱法测定焙烧矿气体中的氟化物	3		
	微生物冶金实验	浸矿微生物的显微镜观察及微生物生长曲线研究	2	必修	创新型
		含砷金矿的微生物氧化预处理实验研究	6		
		培养基配制和浸矿微生物驯化培养研究	2		

（2）工程训练

冶金工程专业工程训练包括金工实习和课程设计两部分。其中，金工实习安排学生进行独立操作，并辅以专题讲授。通过工程训练获得机械制造基本知识，培养一定的机械加工操作技能；课程设计包括机械设计基础 B 和冶金基础课程设计。在明确课程设计目的的基础上，根据设计指导书要求，学会基本设计方法，独立完成课程设计任务。

（3）专业实习

冶金工程专业的实习包括认识实习、生产实习、专业实训等。这些环节的主要目的在于通过让学生直接接触专业的生产实践活动，真正能够了解、感受未来的实际工作，通过实习，让学生认识专业、了解专业。冶金工程专业的学生通常选择钢铁、有色等冶金企业和大型的设计院等作为专业实习的单位。

表 5-5　实践教学体系

环节名称	内容要求与教学方式	学分	考核与成绩判定方式	形成的结果
军训	军事技能训练（实践必修课）	2 学分	综合考虑各项实践，五分制	考试成绩
入学教育	安全、校规教育、讲座报告	1 学分	综合考虑各项实践，五分制	考试成绩
实验教学	冶金实验（三个学科规定的必修实验；实验员或实验负责教师指导）	3 学分	综合考虑实验报告和各个实验指导教师给定的成绩，百分制	实验报告
工程训练	工程训练（非机类）（专题讲授，学生独立操作）	4 学分	考试，实际操作，百分制	考试成绩
	机械设计基础课程设计（独立完成课程设计任务）	2 学分	图纸及说明书，五分制	成绩及图纸
	冶金工厂课程设计（独立完成课程设计任务）	3 学分	图纸及说明书，五分制	成绩及图纸
实习	认识实习（在校内、外基地初步了解冶金工艺及装备）	1.5 学分	综合考虑实习报告和平时成绩，百分制	成绩、实习报告
	生产实习（现场系统了解冶金工业化生产流程、装备并适当参与生产实际）	6 学分	综合考虑实习报告、平时表现和考试，百分制	成绩、实习报告
毕业设计（论文）	冶金关键工序反应器设计及制图、冶金新技术新工艺开发的科研论文	16 学分	综合考虑导师给定成绩、开题报告成绩以及答辩成绩，百分制	图纸、说明书或论文、成绩

冶金工程专业的工程实践教学主要有军训、工程训练（非机类）、冶金实验、机械设计基础课程设计、认识实习、冶金工厂课程设计、生产实习、毕业设计，共计 38.5 学分，占总学分（185.75 学分）的比例为 20.73%，高于工程教育专业认证通用标准规定要求的 20%。

5.5 太原理工大学矿物加工工程

矿物加工工程实践教学是矿物加工工程专业整个大学教育过程中一个非常重要的环节。根据矿物加工工程专业人才培养目标与要求，充分利用校内和企业的各种资源，培养学生的工程意识、协作精神和综合运用所学知识分析和解决矿物加工工程问题的能力，提高学生的综合素质，为毕业后从事科学研究和解决工程实际问题打好基础。太原理工大学一直十分重视实践教学，对矿物加工工程专业实践教学的建设给予了大力支持。矿物加工工程专业在实践教学体系的建立、实践教学条件的建设、教师实践教学能力的培养与提高、实践教学内容的完善、实践教学的改革等方面不断努力，也在不断发展和进步。

太原理工大学矿物加工工程专业实践教学体系由单独设课实践教学环节、课内实践教学环节和校企合作实践教学环节三部分组成。其中，单独设课实践教学环节包括公益劳动、安全教育、心理健康教育、计算机训练、军训、入学教育、毕业教育、金工实习 C、矿物加工工程教学实习、机械设计基础 B 课程设计、矿物加工工程生产实习、选煤（矿）厂设计/化工原理 D 课程设计、矿物加工毕业实习、矿物加工工程毕业设计（论文）和自主实践等；课内实践教学环节包括思想政治理论综合实践课（一、二）、形势与政策、大学计算机基础 A、物理实验 A（一、二）、工程制图、电工电子技术 C（一、二）、无机与分析化学、工程力学、机械设计基础 B、物理化学 B、有机化学 C、矿物岩石学、煤化学 B、工程流体力学 B、VB 语言程序设计、文献检索与利用 K、矿物加工过程 CAD、矿物加工与利用工艺学、矿业工程概论 A、矿物加工原理、矿物加工试验研究方法、选矿过程模拟与优化（建模）、矿产资源利用专业实验、仪器分析 D 等。实践教学体系结构如图 5-1 所示。

图 5-1　矿物加工工程专业实践教学体系图

根据 2012 版矿物加工工程专业人才培养方案，单独设课与工程实践教学环节（38 学分），占总学分的 20.11%，超过总学分的 20%，满足《工程教育认证工作指南（2016 版）》中工程实践与毕业设计（论文）至少占总学分 20%的要求。单独设课教学环节和所有课程课内实践教学环节设置情况分别如表5-6 和表 5-7 所示。

表 5-6　矿物加工工程专业单独设课及工程实践教学环节构成表

序号	课程名称	学分	总学时	建议修读学期
1	公益劳动		1 周	
2	安全教育	2	2 周	
3	心理健康教育	2	32 学时	
4	计算机训练		3 周	
5	军训		3 周	1
6	入学教育		1 周	1
7	毕业教育		1 周	8
8	金工实习 C	2	2 周	3
9	矿物加工工程教学实习	3	3 周	4
10	机械设计基础 B 课程设计	2	2 周	5
11	矿物加工工程生产实习	4	4 周	6
12	选煤（矿）厂设计/化工原理 D 课程设计	2	2 周	7
13	矿物加工毕业实习	4	4 周	8
14	矿物加工工程毕业设计（论文）	13	13 周	8
15	物理实验 A（二）	2	32	4
16	自主实践	2	2 周	

表 5-7　矿物加工工程专业课内实践教学环节构成表

序号	课程名称	上机学时	实践学时	建议修读学期
1	思想政治理论综合实践课（一）		10	4
2	思想政治理论综合实践课（二）		16	5
3	形势与政策		34	2、6
4	大学计算机基础 A	16		1
5	物理实验 A（一）		30	3
6	工程制图	8		1
7	电工电子技术 C（一）		8	3

（续表）

序号	课程名称	上机学时	实践学时	建议修读学期
8	电工电子技术 C（二）		8	4
9	无机与分析化学		32	2
10	工程力学		16	3
11	机械设计基础 B		8	5
12	物理化学 B		16	4
13	有机化学 C		8	3
14	矿物岩石学		8	5
15	煤化学 B		12	5
16	工程流体力学 B		8	4
17	VB 语言程序设计	18		4
18	文献检索与利用 K	4	6	7
19	矿物加工过程 CAD	18		5
20	矿物加工与利用工艺学		6	6
21	矿业工程概论 A		6	4
22	矿物加工原理		10	5
23	矿物加工试验研究方法		30	7
24	选矿过程模拟与优化（建模）	10		7
25	矿产资源利用专业实验		28	7
26	仪器分析 D		8	7

为满足以上实践环节要求，矿物加工工程专业一方面依托太原理工大学综合性大学的优势，另一方面积极建设本专业的相关实验室和实验平台，为学生的实践教学提供良好的实验条件。同时，加强实践教学管理规范，各个本科教学实验室都贴有完备的实验室规章制度，实验室有专人管理，负责实验设备的日常维护和维修，确保实验装置处于正常状态，每一个实验平台都有详尽的功能介绍和操作说明。

实践教学体系中各实践教学环节的内容要求与教学方式、学分要求、考核与成绩判定方式和形成结果等基本情况，如表 5-8 所示。

表 5-8 矿物加工工程专业实践教学体系基本情况

环节名称	内容要求与教学方式	学时及学分分配	考核与成绩判定方式	形成的结果
公益劳动	学生完成校内美化校园劳动和校内、外的其他公益性活动。	1 周	学校指派专职辅导员对学生的活动情况进行考查。	
安全教育	通过学习，使大学生了解和掌握以下主要内容： 1.防火知识，消防安全； 2.物品保管，财产安全； 3.防诈骗防传销； 4.珍惜生命，人身安全； 5.饮食卫生，食品安全； 6.出行平安，交通安全； 7.交往及就业安全； 8.保密知识与国家安全； 9.预防大学生违法犯罪； 10.应急知识、公共安全。	2 周 2 学分	平时考核+课堂讨论。	
心理健康教育	通过学习，使大学生了解和掌握以下主要内容： 1.心理健康与大学生活的心理适应； 2.大学生的学习心理； 3.情绪与大学生挫折、压力应付； 4.完善人格与锻炼意志； 5.大学生的人际交往； 6.恋爱与性心理健康。	32 学时 2 学分	考查。	
计算机训练	通过计算机上机模拟训练完成以下主要内容： 1.基于 VHDL 的简单组合与时序电路设计； 2.Quartus II 原理图设计； 3.7 段数码管显示译码设计； 4.数控分频器设计； 5.正弦波形信号发生器设计； 6.8 位十六机制频率计设计； 7.序列检测器设计； 8.数据采集电路和简易存储示波器设计； 9.比较器和 D/A 实现的 D/A 电路设计。	3 周	上机考查。	

（续表）

环节名称	内容要求与教学方式	学时及学分分配	考核与成绩判定方式	形成的结果
军训	通过学习，使大学生了解和掌握以下主要内容： 1.条令条例教育与训练 2.轻武器射击； 3.战术； 4.军事地形学； 5.综合训练。	3 周	辅导员配合教官对学生的出勤进行严格考核，成绩按百分制进行评定。	军训检阅
入学教育	通过知识讲座和参观，使学生了解以下内容： 1.校史、校训知识； 2.人文素养； 3.思想政治道德； 4.学生守则及学校各种规章制度； 5.专业简介与专业知识。	1 周	辅导员对学生的出勤和听课进行考查。	
毕业教育	通过知识讲座，使学生了解以下内容： 1.法律法规； 2.本专业新动态和发展方向等； 3.正确的工作态度和心理素质； 4.人生的规划。	1 周	辅导员对学生的出勤和听课进行考查。	
金工实习C	通过校工程训练中心学习，完成以下内容：电工、车工、钳工、焊接、铸造、锻压和热处理工艺特点及实验技能等。	2 周 2 学分	形成成果为金属小铁锤，根据平时表现和形成成果进行成绩评定。	金属小铁锤
矿物加工工程教学实习	通过知识讲座、模拟矿井参观及选煤（矿）厂现场实习等方式的学习，完成以下主要内容： 1.矿物加工基本知识讲座、参观实验室、模型教学； 2.选煤（矿）厂基地选煤工艺简介； 3.选煤厂生产系统参观； 4.选煤厂主要设备了解； 5.整理笔记和实习日记，完成实习报告等。	3 周 3 学分	考查考核方式由实习指导老师综合实习表现和实习笔记、实习报告等，评定实习成绩。	实习报告

（续表）

环节名称	内容要求与教学方式	学时及学分分配	考核与成绩判定方式	形成的结果
机械设计基础 B 课程设计	通过指导教师的指导，完成减速器、轴系和齿轮的设计，标注尺寸，编写技术要求，对零件编号，列出明细表及标题栏，完成设计图纸，并撰写设计说明书。	2 周 2 学分	学生考勤情况及平时问题回答情况占 20 分，设计成绩占 80 分。	设计报告
矿物加工工程生产实习	通过对专题讲座和现场生产活动的形式，完成以下主要内容： 1.安全教育； 2.选煤厂生产概况了解； 3.固定岗位实习； 4.技术报告或现场教学； 5.整理笔记和实习日记，撰写并提交实习报告等。	4 周 4 学分	由实习指导老师综合实习表现和实习笔记、实习报告等，评定实习成绩。	实习报告
选煤（矿）厂设计/化工原理 D 课程设计	在指导教师的辅导下完成以下主要内容： 一、选煤厂初步设计 1.煤质资料的综合与校正； 2.煤质资料分析； 3.工艺流程计算； 4.工艺设备选型与计算； 5.车间工艺布置； 6.撰写初步设计说明书。 二、板式精馏塔设计 1.设计方案的选定与说明； 2.精馏塔工艺计算； 3.塔和塔板主要工艺尺寸的设计； 4.管路及其典型辅助设备选型； 5.绘制精馏装置工艺流程图和精馏塔设备装配图； 6.编写设计说明书。	2 周 2 学分	根据课程设计报告、学生回答情况，结合设计过程表现、设计文件质量等，按优、良、中、及格、不及格五级分制评定课程设计成绩。	设计报告
矿物加工毕业实习	通过对专题讲座和现场生产活动的形式，完成以下主要内容： 1.了解实习现场原料的来源、性质、生产任务、产品规格及用途等；	4 周 4 学分	平时成绩+实习报告。平时成绩主要考核学生考勤和实习笔记，占 10 分；	实习报告

（续表）

环节名称	内容要求与教学方式	学时及学分分配	考核与成绩判定方式	形成的结果
矿物加工毕业实习	2.了解实习现场的生产流程、主要设备构造、型号及技术规格； 3.了解实习现场的工艺特点、设备的布置与衔接关系； 4.了解实习现场的建厂和生产历史、主要经济技术指标完成情况以及今后的发展方向、技术课题； 5.阅读和收集毕业设计相关资料，包括现场的初步设计说明书、工艺设计图纸及主要设备的型号与技术参数等； 6.整理实习资料，编写实习报告。		实习报告主要考核学生的实习内容、收获与报告的质量，占90分。	实习报告
矿物加工工程毕业设计（论文）	在指导教师的指导下，按照毕业设计指导书要求完成以下内容： 一、选煤厂初步设计 1.文献综述与英文翻译； 2.煤质资料的综合与分析、原煤可选性评定； 3.分选方案的比较与确定； 4.基于原料煤性质的分选流程结构设计； 5.工艺流程计算，绘制数质量流程图； 6.设备选型、主选车间及工业场地总平面布置，相关图纸绘制； 7.撰写初步设计说明书。 二、煤化工厂初步设计 1.文献综述与英文翻译； 2.煤质资料的综合与分析、原煤可气化性评定； 3.工艺流程方案的比较与确定； 4.制气车间工艺流程及说明，气化工艺计算； 5.主要工艺设备，工艺管路及泵的计算和选择； 6.设备选型、设备总平面布置图、工艺流程图等相关图纸绘制； 7.撰写初步设计说明书。 三、研究论文型毕业设计 1.文献综述与英文翻译； 2.课题研究内容、研究方案与技术路线的制定； 3.试验研究； 4.设计论文撰写。	13周 13学分	平时成绩20%+评阅成绩30%+答辩成绩50%。	设计图纸和说明书（论文）

（续表）

环节名称	内容要求与教学方式	学时及学分分配	考核与成绩判定方式	形成的结果
自主实践	根据学校的规定，主要选择完成以下内容： 1.学校组织的各级各类竞赛； 2.学校认可的科技学术成果； 3.学校组织的各级"大学生创新创业项目"； 4.学校组织的各类社会实践活动； 5.学校相关部门认可的其他内容。	2周 2学分	实行校、院两级管理。学生在完成自主实践项目后，应及时向班主任申请自主实践学分，递交相应材料。	相关证明材料
物理实验A（一） 物理实验A（二）	通过实验室实验完成以下内容： 1.薄透镜焦距的测定； 2.常用电子元件参数的测量； 3.长度和密度的测量； 4.模拟示波器的使用； 5.分光计的调整和使用； 6.拉伸法测金属丝的杨氏模量； 7.惠斯通电桥； 8.随机误差的统计分布； 9.玻尔兹曼常数测量； 10.油滴法测基本电荷； 11.共振法测定金属材料的杨氏模量； 12.拉脱法测液体表面张力系数； 13.比热容比的测定； 14.用转动惯量仪测物体的转动惯量； 15.非线性电路混沌实验； 16.用牛顿环测平凸透镜的曲率半径； 17.霍尔效应及磁场的测量； 18.光栅衍射； 19.超声声速测定仪测量声速； 20.金属电子功函数的测定； 21.铁磁材料的磁滞回线和基本磁化曲线； 22.弗兰克-赫兹实验； 23.超声光栅测量声速； 24.照相技术； 25.仿真实验； 26.数字存储示波器； 27.迈克耳逊干涉仪； 28.自由落体法测定重力加速度； 29.傅里叶分解合成实验； 30.普朗克常数的测定。	总学时64，实验实践学时62，总学分4	考核内容为学生考勤、课堂表现、实验报告等，考核方式为直接打分，总成绩按百分制。	实验报告

（续表）

环节名称	内容要求与教学方式	学时及学分分配	考核与成绩判定方式	形成的结果
大学计算机基础 A	通过上机完成以下内容： 1.计算机硬件系统的安装与设置,计算机系统基本部件的性能测试； 2.windows 操作系统的安装、配置和基本使用，命令接口方式的操作系统基本使用； 3.网络的连接与设置，文件上传和下载方法，浏览器的使用及基本的网络信息检索方法，电子邮件的使用方法； 4.简单程序的一般编程方法； 5.使用简单的多媒体处理软件进行声音、图像的获取和处理； 6.使用数据库管理系统解决简单应用问题，掌握简单的 SQL 查询方法； 7.Office2010 的使用方法。	总学时48,上机学时 16，总学分 3	平时成绩30%+考试成绩70%。	上机考核
工程制图	通过上机完成以下内容： 1.在计算机上实现平面图形的绘制； 2.利用编辑命令和辅助功能精确绘制复杂平面图形； 3.应用适当的图样画法在计算机上绘工程图； 4.在工程图上加注尺寸、技术要求并填写标题栏	总学时56,上机学时 8,总学分 3.5	成绩由上机表现、操作能力和绘图质量进行综合评定,总占比20%。	
电工电子技术 C（一） 电工电子技术 C（二）	通过实验完成以下内容： 1.戴维宁定理的研究； 2.日光灯电路及功率因数的提高； 3.整流、滤波、稳压电路； 4.基本放大电路的分析； 5.TTL 集成逻辑门功能测试及组合电路的分析； 6.触发器功能测试极其简单应用； 7.三相异步电动机点动和自锁控制； 8.三相异步电动机正反转继电接触器控制。	总学时80，实验、实践学时16,总学分5	完成实验并提交实验报告，占 10 分。	实验报告
无机与分析化学	通过实验完成以下内容： 1.滴定分析基本操作练习； 2.化学反应速率及活化能的测定； 3.醋酸解离平衡常数的测定； 4.碱液中 NaOH 及 Na_2CO_3 含量的测定； 5.氯化钠的提纯； 6.EDTA 标准溶液的标定及水硬度测定； 7.氧化还原反应；	总学时72，实验、实践学时32,总学分4.5	完成实验并提交实验报告，占 20 分。	实验报告

（续表）

环节名称	内容要求与教学方式	学时及学分分配	考核与成绩判定方式	形成的结果
无机与分析化学	8.硫酸亚铁铵的制备； 9.原子吸收分析； 10.配合物与沉淀-溶解平衡； 11.铁的测定（邻二氮菲吸光光度法）。			
工程力学	通过实验完成以下内容： 1.金属材料的拉伸压缩实验； 2.金属材料的扭转实验； 3.电测弯曲正应力； 4.低碳钢缺口试样拉伸实验； 5.低碳钢试样真应力-真应变曲线的测定； 6.等强度梁冲击动应力实验； 7.简单结构受冲击时的动力响应； 8.复合抗力下的应变测定。	总学时72，实验、实践学时16,总学分4.5	完成实验并提交实验报告，占10分。	实验报告
机械设计基础 B	通过实验完成以下内容： 1.平面机构的自由度和速度分析； 2.齿轮机构； 3.带传动和链传动； 4.轴。	总学时48，实验、实践学时8，总学分3	完成实验并提交实验报告，占10分。	实验报告
物理化学 B	通过实验完成以下内容： 1.溶解热的测定； 2.燃烧热的测定； 3.液体饱和蒸汽压的测定和蒸发焓计算； 4.双液系气液平衡沸点-组成图； 5.乙酸乙酯皂化反应速率常数的测定； 6.蔗糖水解； 7.电位差计测定电动势； 8.最大气泡压力法测表面张力； 9.活性炭在溶液中的吸附； 10.黏度法测定液体的流动活化能。	总学时88，实验、实践学时16,总学分5.5	完成实验并提交实验报告，占10分。	实验报告
有机化学 C	通过实验完成以下内容： 1.仪器认领及普通蒸馏； 2.无水乙醇的制备。	总学时48，实验、实践学时8，总学分3	完成实验并提交实验报告，占10分。	实验报告
矿物岩石学	通过实验完成以下内容： 1.结晶学实验； 2.矿物学实验； 3.常见岩浆岩实验； 4.常见沉积岩、变质岩实验。	总学时48，实验、实践学时8，总学分3	完成实验并提交实验报告，占10分。	实验报告

（续表）

环节名称	内容要求与教学方式	学时及学分分配	考核与成绩判定方式	形成的结果
煤化学 B	通过实验完成以下内容： 1.煤的工业分析； 2.煤润湿热的测定； 3.煤的红外光谱分析实验。	总学时48，实验、实践学时12，总学分3	完成实验并提交实验报告，占10分。	实验报告
工程流体力学 B	通过实验完成以下内容： 1.流体流量、流速的检测及动量能量实验； 2.雷诺实验及局部损失、沿程损失测量实验。	总学时64，实验、实践学时4，总学分4	完成实验并提交实验报告，占20分。	实验报告
VB 语言程序设计	通过上机实践完成以下内容： 1.VB 环境与可视化编程基础； 2.选择结构； 3.循环结构； 4.语言结构算法； 5.数组及其操作； 6.过程与作用域； 7.常用控件练习； 8.文件的读入与输出； 9.图形操作。	总学时48，上机学时18，总学分3	上机实践操作占10分。	
文献检索与利用 K	通过上机完成以下内容： 1.中国期刊全文数据库、万方数据库，Science direct 全文数据库检索； 2.EI 检索、Web of Science 数据库检索； 3.中外文专利检索。 通过实验实践完成以下内容： 给定课题名称，完成实验报告。	总学时32，上机学时4，实验、实践学时6，总学分2	完成实验并提交实验报告，占20分。	实验报告
矿物加工过程 CAD	通过上机实践完成以下内容： 1.练习二维绘图基本命令和编辑命令； 2.练习图层的设置及应用； 3.练习文字和表格编辑、尺寸标注方法； 4.绘制二维零件图； 5.绘制二维装配图； 6.练习三维绘图方法； 7.绘制三维实体图； 8.绘制工程三视图； 9.熟悉 AUTOLISP 语言，并编辑运行简单绘图程序。	总学时48，上机学时18，总学分3	上机实践操作占10分。	

（续表）

环节名称	内容要求与教学方式	学时及学分分配	考核与成绩判定方式	形成的结果
矿物加工与利用工艺学	通过实验完成以下内容： 1.矿物的热重分析； 2.矿物的 XRD 测试。	总学时48，实验、实践学时6，总学分3	完成实验并提交实验报告，占10分。	实验报告
矿业工程概论 A	通过实验完成以下内容： 1.井田开拓及井巷掘进； 2.采区巷道布置及采煤工艺。	总学时32，实验、实践学时6，总学分2	完成实验并提交实验报告，占10分。	实验报告
应用数值计算 A	通过上机实践完成以下内容： 1.利用 VB 语言编程或利用 Excel 对方程求根； 2.利用 VB 语言编程解线性方程组； 3.利用 VB 语言编程进行代数插值运算； 4.利用 VB 语言编程或利用 Excel 进行数据拟合； 5.利用 VB 语言编程或利用 Excel 教学数值积分与数值微分； 6.利用 VB 语言编程对常微分方程进行数值求解； 7.Excel 在数值计算中的应用； 8.利用 VB 语言编程对实验数据进行处理。	总学时40，上机学时8，总学分2.5	学生上机操作能力考查，占10分。	
矿物加工原理	通过实验完成以下内容： 1.球体沉降实验； 2.旋流器原理实验； 3.摇床原理实验； 4.磁性物含量测试实验； 5.浮选捕收剂原理实验。	总学时56，实验、实践学时10，总学分3	完成实验并提交实验报告，占10分。	实验报告
矿物加工试验研究方法	通过实验完成以下内容： 1.实验样品制备； 2.煤的粒度组成分析； 3.煤的密度组成分析（大浮沉）； 4.煤泥絮凝沉降实验； 5.分步释放实验； 6.药剂条件优化实验； 7.浮选条件选择初验； 8.浮选最佳条件鉴定初验。	总学时48，实验、实践学时30，总学分3	完成实验并提交实验报告，占50分。	实验报告

（续表）

环节名称	内容要求与教学方式	学时及学分分配	考核与成绩判定方式	形成的结果
选矿过程模拟与优化（建模）	通过上机实践完成以下内容： 1.一元线性回归； 2.可线性化曲线回归； 3.非线性回归； 4.可选性曲线绘制； 5.重选流程优化。	总学时48，上机学时10，总学分3	上机实践操作占10分。	
选煤厂生产技术检查	通过实验完成以下内容： 1.实验样品制备； 2.浮选实验； 3.煤泥水沉降脱水实验。	总学时40，实验、实践学时10,总学分2.5	完成实验并提交实验报告，占20分。	实验报告
矿产资源利用专业实验	通过实验完成以下内容： 1.煤的工业分析； 2.煤中全硫含量的测定； 3.煤炭发热量的测定； 4.烟煤黏结指数的测定； 5.烟煤坩埚膨胀序数的测定； 6.煤灰熔融性的测定； 7.煤的真相对密度和视相对密度的测定； 8.显微煤岩组分的识别。	总学时48，实验、实践学时28,总学分3	完成实验并提交实验报告，占20分。	实验报告
仪器分析D	通过实验完成以下内容： 1.气相色谱法测定混合烃校正因子； 2.紫外可见分光光度法测定氯化亚铁含量。	总学时48，实验、实践学时8,总学分3	完成实验并提交实验报告，占10分。	实验报告
思想政治理论综合实践课（一）思想政治理论综合实践课（二）	通过实践使学生完成以下内容： 指导学生进行实践，指导教师以多种方式（电话、网络、QQ或跟团指导）与学生保持紧密联系。	总学时32，实验、实践学时26,总学分2	根据签到情况评定成绩，实践策划书占15分，实践日志占15分，班级交流占10分，调研报告占50分。	调研报告

5.6 华北理工大学采矿工程

认证通用标准：工程实践与毕业设计（论文）（至少占总学分的 20%）。设置完善的实践教学体系，并与企业合作，开展实习、实训，培养学生的实践能力和创新能力。毕业设计（论文）选题要结合本专业的工程实际问题，培养学生的工程意识、协作精神以及综合应用所学知识解决实际问题的能力。对毕业设计（论文）的指导和考核有企业或行业专家参与。

专业认证补充标准：具有满足采矿工程需要的完备的实践教学体系，主要包括实验课程、课程设计、现场实习，积极开展科技创新等多种形式的实践活动。

（1）课程设计应从露天开采及地下开采课程设计、机械设计基础课程设计、矿井通风安全课程设计中至少选择两个。

（2）实习应包括：认识实习、生产实习及毕业实习，建立相对稳定的实习基地，密切产学研合作，使学生认识和参与生产实践。

（3）实验应从岩石力学、矿山压力及岩层控制、爆破工程、矿井通风与安全、边坡稳定等实验中至少选择三个实验。

专业认证补充标准：需要制定与毕业要求相适应的标准和检查保障机制，培养学生综合运用所学知识分析和解决工程问题的能力，提高毕业生的专业素质。

毕业设计（论文）选题应符合本专业的培养目标并且以工程设计为主，需有明确的应用背景。

对选题、内容、学生指导、答辩等提出明确要求，保证课题的工作量和难度，引导学生完成选题、调研、实践、资料查阅、需求分析、开题报告、概要设计、详细设计、文档撰写、进度报告、毕业论文撰写等环节，给学生有效指导。

专业自评结论：本专业工程实践与毕业设计占总学分的比例均为 20.2%，满足通用标准要求。通过设置课内实践教学、课程设计、实习、毕业设计、等环节，建立了完善的实践教学体系，并与企业合作，开展实习、实训，培养学生的实践能力和创新能力。毕业设计选题结合本专业的工程实际问题，100%为工程设计类题目，培养了学生的工程意识、协作精神以及综合应用所学知识解决实际问题的能力。每年有企业或行业专家参与毕业设计的指导和答辩环节。

专业构建了完整的实践教学体系，工程实践教学与毕业设计（论文）为全体学生的必修环节，总学分为 34.3 学分，占总学分的 20.2%，满足通用标准的要求。工程实践教学与毕业设计（论文）相关情况如表 5-9 所示。

表 5-9　工程实践教学与毕业设计

课程类别	课程编号	课程名称	学分	学时/周数	开课学期	毕业要求	所属知识领域
工程实践教学	H19ST002	大学计算机 A 上机实践	0.6	10	1	1.1，2.1，5.1	计算机
	H19ST001	程序设计基础（VB 语言）上机实践	1.3	20	2	1.1，2.1，5.1	
	H05ST001	材料力学试验	0.5	8	3	1.1，2.1，5.1	力学
	H01SP001	测量实习 A	1	1 周	4	1.4，5.1，9.2	测绘
	H01CT323	岩体力学试验	0.5	8	6	1.2，2.2，4.1，4.2，5.1	矿业
	H01CT194	矿山地质学试验	0.3	4	5	1.3，2.2，4.1，7.1	地质
	H01CP101	地质实习	1	1 周	5	1.4，2.2，9.2	
	H01CP159	井巷工程课程设计	2	2 周	5	2.4，3.1，3.4，4.2	矿业
	H01CT039	爆破工程	0.3	4	5	1.3，3.3，4.2，5.1，7.1	
	H01CP247	认识实习	2	2 周	5	6.1，6.2，9.2，10.1	
	H01CT059	采矿学	0.5	8	6	1.3，3.1，3.2，4.1，7.1，7.2，12.1	
	H01CP057	采矿生产实习	3	3 周	6	6.2，9.2，10.1	

（续表）

课程类别	课程编号	课程名称	学分	学时/周数	开课学期	毕业要求	所属知识领域
工程实践教学	H01CP063	采矿学课程设计	4	4周	6	1.4，2.4，3.2，5.2，10.1	矿业
	H01CT182	矿井通风与除尘	0.3	4	7	1.3，3.3，4.2，5.1，7.1	
	H01CP177	矿井通风课程设计	1	1周	7	1.4，2.4，3.3，3.4，4.1，6.2	
	H01CP043	采矿毕业实习及设计	16	16周	8	1.4，2.3，2.4，3.1，3.2，3.4，4.2，6.1，7.2，10.1，10.2，11.1，11.2	
合计			34.3			占总学分比例 20.2%	

专业实践教学体系包括计算机上机实践、测量学实习、地质实习、采矿认识与生产实习。教学环节内容、学分学时、考核与成绩判定方式如表 5-10 所示。

表 5-10　专业实践教学体系一览表

环节名称	内容要求与教学方式	学分	考核与成绩判定方式
测量学实习	内容要求： （一）闭合水准路线的测量（支撑课程目标 1～3）根据给定的华北理工大学校园地形图和水准测量的选点要求，以小组为单位，每组至少选出 20 个水准点组成 2～3 个闭合水准环，并进行每个闭合环水准闭合差的计算。开始测量前必须确定好选点位置、观测时间、小组分工及观测顺序等。以上所有工作均由每组组长及成员共同完成。 （二）全站仪角度观测（支撑课程目标 1～3） 1. 全站仪的操作及熟练使用。指导教师详细讲解全站仪的操作、注意事项并进行现场演示后学生动手操作，教师旁边指导。 2. 水平角的观测步骤及记录。参考华北理工大学测绘技能大赛的比赛规程对每个人进行测回法水平角观测的实操考核。要求在 9 分钟内独立完成全站仪的对中、整平、一测回水平角观测并记录下 4 个角度值，同时计算出上、下半测回角值，一测回角值及上下半测回角度闭合差。 教学方式：采取教师集中讲解、现场指导与学生分组动手观测相结合的指导方式。	1	实习成绩依照我校的相关规定，本实习成绩依据上交的实习报告、实习过程综合表现、外业考核三项评定成。 1. 评价内容：实习过程综合表现（包括出勤及听取报告和参加现场劳动的积极性）；实习报告质量（包括内容的完整性、格式的规范性和实习日记记载情况等）；外业操作的现场考核。 2. 成绩构成：平时成绩（30%）+实习报告成绩（30%）+外业考核（40%）。

（续表）

环节名称	内容要求与教学方式	学分	考核与成绩判定方式
地质实习	内容要求： 1. 地形图的使用、路线地质剖面的测量，利用罗盘测量地层产状要素及野外地质记录等基本地质工作方法（支撑课程目标2、3）。 2. 工作区出露的主要岩石类型及其特征与鉴别标志。华北型沉积地层层序、接触关系、岩性特征及其沉积环境和沉积矿产，建立地质发展的时、空概念（支撑课程目标1）。 3. 野外地质工作的基本方法（支撑课程目标1、2、3）。 教学方式：采取听报告与野外地质教学相结合的实习方法。采用指导教师指导与分组学习讨论的方式。	1	实习成绩依照我校的相关规定按优秀、良好、中等、及格、不及格五级评定。 1. 评价内容：实习表现考核（包括出勤及听取报告和参加现场劳动的积极性），实习日记记载情况，实习报告质量（包括内容的完整性和格式的规范性等），考察、实习时回答问题情况。 2. 成绩构成： 实习表现（占30%）+理论考试（占40%）+实习报告（占30%）理论考试安排在实习结束之前。
认识实习	内容要求： （一）矿山概况，安全技术（支撑课程目标1、2） 1. 矿区地理位置、交通、经济、气候等情况。了解实习矿区地理、气候与经济条件及环境状况，了解矿山开采该矿及生产技术现状。 2. 了解矿山规章制度，熟悉下井须知，了解有关井巷工程的安全规程、规范及标准等。 （二）矿山地质（支撑课程目标1、2） 1. 区域地质及矿区地质概况：矿区地形、主要地层、地质构造、成因类型及区域地质概况。 2. 工程地质及矿体特征：矿岩的物理学性质、矿体的数量、规模、产状形态、成分、品位、储量及围岩情况。 3. 水文地质及矿床勘探水文地质简况、矿床勘探类型、勘探工程布置、矿石品级划分、边界品位、最低工业品位；了解实习矿区区域地质、工程地质和水文地质状况。 （三）井巷工程布置及装备（支撑课程目标1、2） 1. 主井、副井及风井：了解井筒断面形状、井筒直径、井筒装备、罐道及罐道梁类型、梯子间布置方式。	2	实习成绩依照我校的相关规定按百分计，成绩＞90 分为优、80~89 为良、70~79 为中、60~69 为及格、＜60 为不及格。 1. 评价内容：实习表现考核（包括出勤及听取报告和参加现场劳动的积极性），实习日记记载情况，实习报告质量（包括内容的完整性和格式的规范性等），考察、实习时回答问题情况。 2. 成绩构成：平时成绩（20%）+平时实习记录（20%）+实习报告成绩（60%）。

（续表）

环节 名称	内容要求与教学方式	学分	考核与成绩判定方式
认识 实习	2. 石门及主要运输巷道：了解巷道断面形状、尺寸，断面布置情况，包括轨道布置、风水管路、通讯照明线路布置等。 3. 井底车场及附属硐室：了解井底车场的类型及作用，井下绞车硐室的形状、尺寸及支护形式。考察水泵房及变电所断面、长度、室内设施及功能。了解井下马头门的作用、形状、布置。 （四）井巷施工方法、工艺及装备（支撑课程目标 1、2） 1. 主要运输巷道的掘进设备及工艺。考察工作面凿岩设备类型、炮眼布置方式、通风类型及通风方式。 2. 考察装岩方式，装岩机类型。考察运输方式，机车类型、矿车类型及容量。考察临时支护及永久支护方法。 3. 掘进工作组织。考察掘进与支护依次作业或平行作业、每日班数、每班循环数、每班人员安排情况。 教学方式：采取听报告、金属矿井上下参观、露天采场参观与现场教学相结合的实习方法。采用指导教师与现场工程技术人员共同参与的指导方式。		
采矿生产实习	内容要求： （一）矿山概况（支撑课程目标 1） 矿区地理位置、交通、经济、气候等情况。了解实习矿区地理、气候与经济条件及环境状况。 （二）矿山地质（支撑课程目标 1） 1. 区域地质及矿区地质概况：矿区地形、主要地层、地质构造、成因类型及区域地质概况。 2. 工程地质及矿体特征：矿岩的物理学性质、矿体的数量、规模、产状形态、成分、品位、储量及围岩情况。 3. 水文地质及矿床勘探水文地质简况、矿床勘探类型、勘探工程布置、矿石品级划分、边界品位、最低工业品位。 了解实习矿区区域地质、工程地质和水文地质状况。 （三）矿山开拓（支撑课程目标 1） 1. 主要开拓巷道的位置、用途、装备情况，断面形状、尺寸及支护形式。 2. 露天矿开拓系统的组成及主要参数。 3. 井底车场的形式，调车及卸载方式，各种硐室的位置、作用及断面尺寸等。	3	实习成绩依照我校的相关规定按百分计，成绩＞90 分为优、80～89 为良、70～79 为中、60～69 为及格、＜60 为不及格。 1. 评价内容：实习表现考核（包括出勤及听取报告和参加现场劳动的积极性），实习日记记载情况，实习报告质量（包括内容的完整性和格式的规范性等），考察、实习时回答问题情况。 2. 成绩构成：平时成绩（20%）+平时实习记录（20%）+实习报告成绩（60%）。

（续表）

环节名称	内容要求与教学方式	学分	考核与成绩判定方式
采矿生产实习	4.阶段巷道的布置形式、断面形状、支护形式。 （四）采矿方法（支撑课程目标1、2） 1.采矿方法及选择依据，矿块结构参数及底部结构，采准切割工作的内容和方法。采准切割巷道的断面形状尺寸、支护方式、掘进顺序及掘进工艺。 2.露天矿开采工艺及工作面参数。 3.炮孔布置、凿岩设备、爆破作业方式、爆破器材、起爆顺序与方法、采场搬运方式、搬运设备及设备台效、采场通风方式、采场地压管理与采空区处理方法、大块产出率及二次破碎方法、采矿方法三面投影图的主要内容和绘制方法。 4.回采工作循环图表的主要内容和在生产实践中的应用。 5.回采技术经济指标（矿块生产能力、采准比、设备台数、材料消耗、矿石损失、贫化率及矿石直接成本等）。 （五）矿井通风系统（支撑课程目标1、2） 1.通风井的布置形式，通风方式，通风设备、设施，通风构筑物的布置。 2.局扇的型号、工作方法、数量及安装地点、风量调节方法。 （六）矿山运输提升系统（支撑课程目标1、2） 1.矿石、废石、材料、人员的运输方式及运输路线。 2.地面运输系统。 3.各种运输提升设备的型号、技术性能及使用情况。 4.井架高度、天轮规格及提升机房的位置。 （七）矿山机电设备（支撑课程目标1、2） 主要了解和掌握矿山主要机电设备的种类、用途、技术性能、操作和维修等方面的内容。了解并熟悉实习矿山的主要机电设备的种类、用途。 （八）矿山给排水系统（支撑课程目标1、2） 1.水泵的型号、数量、水仓容积、贮水池容积、矿井涌水量及排水系统。 2.工业用水、生活用水的来源及供应情况。 （九）动力供应系统（支撑课程目标1、2） 1.矿山电力来源，主要电气设备的型号、数量、技术性能，安装地点、供电电网、变电所的位置，生产耗电及供电系统。		

（续表）

环节名称	内容要求与教学方式	学分	考核与成绩判定方式
采矿生产实习	2. 空压机的型号、数量、技术性能、工作原理及供气系统。 教学方式：采取听报告、金属矿井上下参观、露天采场参观与现场教学相结合的实习方法。采用指导教师与现场工程技术人员共同参与的指导方式。		

5.7 长江大学资源勘查工程

资源勘查工程专业的工程实践与毕业设计类课程共有 37 学分（卓越班 45 学分），占总学分的比例为 21.8%（卓越班为 26.5%），符合专业认证标准工程实践与毕业设计类课程＞20%的要求。

本专业工程实践教学体系包括实验、课程设计、实习和毕业设计等环节。其中实验超过 16 学时的，列为独立实验课程，如矿物岩石基础实验、岩浆岩与变质岩实验 B、沉积岩实验、构造地质实验等；16 学时以内的实验，作为理论课的附属部分统一安排，不单列开课，如古生物地史学（实验 12 学时）、岩相古地理（实验 6 学时）、石油与天然气地质学（实验 10 学时）、录井工程与技术（实验 6 学时）、油气田地质工程（实验 6 学时）。独立的专业类实验课程归并到工程实践与毕业设计类课程中。

实践教学体系总体架构如表 5-11、图 5-2 和图 5-3 所示。

表 5-11　资源勘查工程专业实践教学体系总体架构表

环节名称	第一学期	第二学期	第三学期	第四学期	第五学期	第六学期	第七学期	第八学期
人文社会实践			社会实践（4 周）					
自然科学实验		大学物理实验 A（24 学时）	基础化学实验 B（48 学时）大学物理实验 A（24 学时）					

（续表）

环节名称	第一学期	第二学期	第三学期	第四学期	第五学期	第六学期	第七学期	第八学期
人文社会实践				社会实践（4周）				
计算机基础实践	计算机基础实践（12学时）				VB程序设计课程设计（2周）			
专业基础和专业实验课		矿物岩石基础实验（24学时）	岩浆岩与变质岩实验B（24学时）	构造地质实验（24学时）；沉积岩实验（24学时）	古生物实验（12学时）；岩相古地理实验（6学时）	石油天然气地质学实验（10学时）；油气田地下地质实验（16学时）	录井工程与技术实验（6学时，卓越班）；油气田地质工程实验（6学时，卓越班）	
野外实习（地质认识实习）		普通地质学实习（4周）		油田见习（1周，卓越班）	地震勘探工程实习（3周，卓越班）	综合地质（含测量）实习（5周）；油田地质野外实习（2周）	油气田地下地质实习（4周），油气勘探设计实习（3周，卓越班），油气田地质工程实习（4周，卓越班）；测录井工程实习（5周，卓越班）	
课程设计（大作业）					VB程序设计课程设计（2周）；地震勘探课程设计（2周）；地球物理测井课程设计（1周）			油气田勘探课程设计（2周）

（续表）

环节名称	第一学期	第二学期	第三学期	第四学期	第五学期	第六学期	第七学期	第八学期
人文社会实践			社会实践（4周）					
军事训练	军事训练（2周）							
大学生科技创新行动计划与素质拓展						大学生科技创新行动计划与素质拓展；创新实践（9周，卓越班）		
毕业设计（论文）							顶岗操作实习Ⅰ（毕业设计）（9周，卓越班）	毕业论文（设计）（12周）；顶岗操作实习Ⅱ（毕业设计）（8周，卓越班）

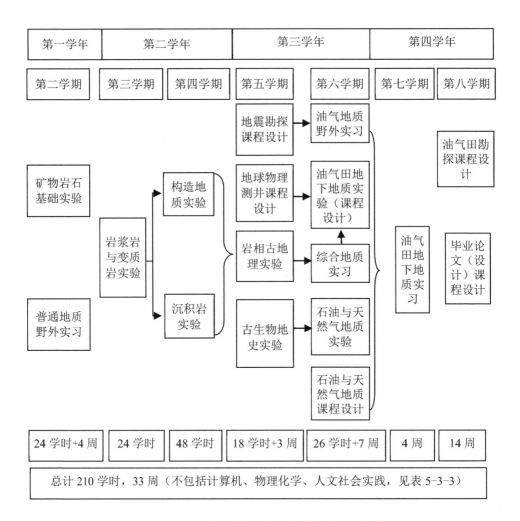

图 5-2　资源勘查工程专业实践教学体系总体架构图

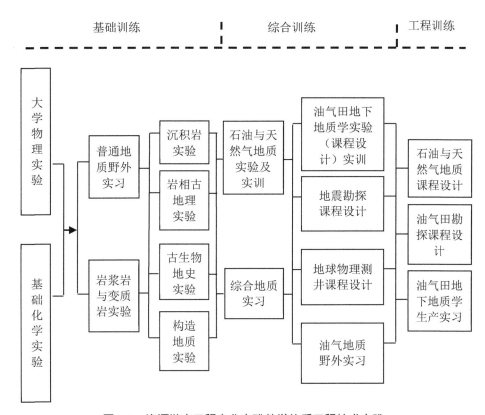

图 5-3　资源勘查工程专业实践教学体系工程技术实践

5.8 武汉理工大学安全工程

实践类课程是通过由基础到专业、由简单到复杂、由感性到理性的实践教学过程，达到强化理论基础、实践技能及创新能力培养的目的。具体包括实验实践、课程设计、认识实习、生产实习、毕业实习和毕业设计（论文）等完善的实践教学环节，各实践环节依托学校工程实验中心、校内实验实习场地、校外实习基地和校企联合办学基地等实践教学条件完成。通过实践训练，加深学生对安全工程基本理论知识的理解，为学生提供实践平台，增强学生适应安全工程相关工作的空间感和实践意识，提升其逻辑推理和综合判断能力，提高其分析问题和解决问题的能力，为将来服务社会打下坚实的基础。

实习基地是保证实践教学目标达成的重要平台，安全工程专业在长期的实践教学过程中，先后与湖北省路桥集团有限公司、清华大学合肥公共安全研究院、北京辰安科技股份有限公司、中钢集团武汉安全环保研究院有限公司等多家企事业单位签订实习基地协议。这些实习基地设备先进、配套设施完善，有工程经验丰富的实习指导人员，能满足本专业实践教学的需要，能为学生提供全面的实践训练机会，培养学生的实践能力和创新能力。

安全工程专业学生工程实践与毕业设计（论文）的学分为 33.5 学分，该类课程学分占总学分的比例为 20.9%，满足通用标准的要求，如表 5-12 所示。因此，本专业设立了符合工程教育认证标准的实践教学体系，如表 5-13 所示，并与企业合作，开展实习、实训，培养学生的实践能力和创新能力。

表 5-12　安全工程专业工程实践与毕业设计（论文）达到通用标准要求统计表

通用标准	课程名称	学分	学时或周数	总计
工程实践与毕业设计（论文）至少占总学分的 20%。	计算机基础与 C 程序设计综合实验	1	32 学时	总学分 160 学分，实践环节共 33.5 个学分，占比 20.9%，满足标准 20% 的要求。
	物理实验 B	1	32 学时	
	物理化学实验 C	0.5	16 学时	
	军事训练	1.5	3 周	
	认识实习	1.5	1.5 周	
	创新实践之安全监测应用技能训练	2	2 周	
	机械制造工程实训 C	2	2 周	
	机械设计基础课程设计	2	2 周	
	生产实习	2	2 周	
	职业安全卫生实验	1	1 周	
	能力拓展训练	1	1 周	
	工业安全实验	1	1 周	
	矿山安全实验	1	1 周	
	建筑安全实验	1	1 周	
	安全信息系统课程设计	1	1 周	
	安全工程数字化训练	2	2 周	
	毕业实习	2	2 周	
	毕业设计（论文）	10	15 周	

表 5-13　安全工程专业实践教学体系一览表

环节名称	内容要求与教学方式	学分/（学时或周数）	考核与成绩判定方式
计算机基础与 C 程序设计综合实验	内容要求： （1）C 语言实验环境与顺序程序结构； （2）选择结构； （3）循环结构； （4）数组； （5）指针与函数； （6）结构体； （7）文件。 教学方式：室内教学、上机实验、期末考试。	1 学分 32 学时	出勤及课堂表现占总评成绩的 10%，课内实验成绩占总评成绩的 40%，期末考试成绩占总评成绩的 50%。
物理实验 B	内容要求： （1）声速测量； （2）测铁磁材料的磁滞回线； （3）分光计的调节； （4）光栅常数的测定； （5）巨磁阻效应及其应用； （6）基本传感器实验； （7）谐振法测电感； （8）全息照相； （9）太阳能及燃料电池特性测量； （10）热敏电阻特性测量及应用。 教学方式：室内教学、课内实验、报告编写。	1 学分 32 学时	实验理论考试占总评成绩的 10%，实验操作部分（包括实验预习、实验操作、实验报告）占总评成绩的 90%。
物理化学实验 C	内容要求： （1）溶解焓的测定； （2）液体饱和蒸气压的测定； （3）皂化反映速率常数的测定； （4）溶液电导及乙酸解离常数的测定。 教学方式：室内教学、课内实验、报告编写。	0.5 学分 16 学时	实验预习成绩占总评成绩的 20%，实验操作成绩占总评成绩的 30%，实验报告成绩占总评成绩的 50%。
军事训练	内容要求：通过集中军事技能训练与教学，使学生掌握基本军事理论与军事技能，增强国防观念和国家安全意识，强化爱国主义/集体主义观念，加强组织纪律性，初进综合素质的提高，为中国人民解放军训练储备合格后备兵员和培养预备役军官、为国家培养社会主义事业的建设者和接班人打下坚实基础。 教学方式：教官室外指导。 组织形式：以班级为单位。	1.5 学分 3 周	进行军训阅兵、分列式与军训科目汇报表演。学生写军训小结，填写军训鉴定表。

（续表）

环节名称	内容要求与教学方式	学分/（学时或周数）	考核与成绩判定方式
认识实习	内容要求： （1）实习专题动员培训会。主要包括：矿山边坡变形与监测、金属加工安全技术、电气线路与设备安全技术、压力管道容器安全技术等内容。 （2）矿山安全认识参观。主要针对大冶铁矿的边坡变化来开展对矿山安全领域监测的认识实习，通过参观大冶铁矿来增加对矿山边坡变形的认识及实时监测的认识。 （3）工业安全认识参观。通过在武汉安全环保研究院的体验及认识，理解对工业安全领域的认识，并通过现场讲解和报告了解工业安全领域主要涉及的方面，从而增加对工业安全实习的认识。 （4）安全监测信息化认识参观。利用参观武汉光谷北斗控股集团有限公司，来认识安全监测领域的主要设备和涉及的监测知识。 教学方式：学生根据指导老师的具体要求，选择若干个典型的安全生产现场进行跟班实习。	1.5 学分 1.5 周	根据考试考勤（20%）、实习表现（20%）和实习报告（60%）进行评分，分优、良、中、及格和不及格五个等级。其中，优（90～100 分）、良（80～89 分）、中（70～79 分）、及格（60～69 分）、60 分以下为不及格。
创新实践之安全监测应用技能训练	内容要求： 对于建筑领域、地质灾害领域、矿山开采领域及城市公共安全领域的创新安全监测应用的训练。建筑施工过程中的危险区域，构造建筑施工安全监测点；地质灾害发生过程中的影响范围，确定地质灾害影响的缓冲区间，开采矿山的过程中，分析影响矿山安全的因素，确定矿山边坡变形区域及大小，根据城市地铁隧道及其他基础设施建设基本的施工状况，结合安全监测仪器设备功能，设计城市公共安全创新监测数据成果。 教学方式：室内教学、团队实践、报告编写。	2 学分 2 周	根据平时表现（20%）、实践作业和实习报告（80%）进行评分。最终综合成绩分为优秀（90～100 分）、良好（80～89 分）、中（70～79 分）、及格（60～69 分）和不及格（＜60 分）给出。

（续表）

环节名称	内容要求与教学方式	学分/（学时或周数）	考核与成绩判定方式
机械制造工程实训C	内容要求： 通过金属加工工艺过程的实践强化对铸造、压力加工、焊接、切削加工等加工方法的原理与工艺特点的感知。 教学方式：室内教学、团队实践、课程考核。	2学分 2周	理论卷面成绩占10%，实操表现成绩占90%，实操成绩主要由各工种成绩汇总得到。
机械设计基础课程设计	内容要求： （1）设计准备； （2）传动装置的计算； （3）设计减速器装配草图； （4）完成装配图； （5）绘制零件工作图； 教学方式：室内教学、学生讨论、设计报告编写。	2学分 2周	设计方案10%、设计图纸50%、态度15%、设计说明书10%、答辩15%。课程设计成绩采用五级计分制，评分标准如下： 优秀（90～100分）：能圆满地完成课题任务； 良好（80～89分）：能较好地完成课题任务； 中等（70～79分）：完成课题任务； 及格（60～69分）：基本完成课题任务； 不及格（＜60分）：没有完成课题任务或设计说明书中有重大原则性错误。
生产实习	内容要求： （1）了解工业与建筑企业的基本情况，熟悉其主要产品的生产工艺与流程，掌握工业与建筑企业的主要危险源类型； （2）熟悉各种消防器材的类型和使用方法，掌握消防器材配置的方法； （3）了解矿山生产的基本概况，熟悉矿山生产流程，掌握开拓开采过程常见的安全事故类型及其防治方法，掌握辅助车间及冶炼厂的安全环保设施和常见基本事故类型； （4）培养学生处理问题和独立工作的能力和素质。 教学方式：学生根据指导老师的具体要求，选择若干个典型的安全生产现场进行跟班实习。	2学分 2周	根据考试考勤（20%）、实习表现（20%）和实习报告（60%）进行评分，分优、良、中、及格和不及格五个等级。其中，优（90～100分）、良（80～89分）、中（70～79分）、及格（60～69分）、60分以下为不及格。

（续表）

环节名称	内容要求与教学方式	学分/（学时或周数）	考核与成绩判定方式
职业安全卫生实验	内容要求： （1）作业场所空气中粉尘浓度检测； （2）紫外可见分光光度法测定工作场所空气中一氧化碳和二氧化氮； （3）水质中挥发性有机物测量实验； （4）室内环境中挥发性有机物测量实验。 教学方式：室内教学、课内实验、报告编写。	1学分1周	实验预习20%，实验表现20%，实验报告60%。最终综合成绩分为优秀（90～100分）、良好（80～89分）、中（70～79分）、及格（60～69分）和不及格（<60）。
能力拓展训练	内容要求： （1）Office软件使用； （2）Endnote文献管理器的使用； （3）Origin软件进行数据处理； （4）英文科技论文的写作； （5）社会调查报告撰写，选题交通安全、食品安全、工业安全等。 教学方式：室内教学、团队实践、报告编写。	1学分1周	课程考核结果由平时成绩（占30%）和报告成绩（占70%）组成，其中平时成绩包括课堂提问、课后交流、到课听课情况等。
工业安全实验	内容要求： （1）可燃固体材料火蔓延特性研究； （2）粉尘爆炸特性参数测量； （3）气体爆炸参数测量及泄爆实验； （4）消光法火焰碳烟浓度测量。 教学方式：室内教学、课内实验、报告编写。	1学分1周	实验预习20%，实验表现20%，实验报告60%。最终综合成绩分为优秀（90～100分）、良好（80～89分）、中（70～79分）、及格（60～69分）和不及格（<60）。
矿山安全实验	内容要求： （1）矿尘浓度测定； （2）可燃气体、有毒气体检测； （3）单轴抗压强度实验； （4）岩石抗拉强度实验。 教学方式：室内教学、课内实验、报告编写。	1学分1周	实验预习20%，实验表现20%，实验报告60%。最终综合成绩分为优秀（90～100分）、良好（80～89分）、中（70～79分）、及格（60～69分）和不及格（<60）。
建筑安全实验	内容要求： （1）建筑材料基本性能； （2）混凝土用骨料性能； （3）普通混凝土性能； （4）烧结普通砖力学性能； （5）钢筋力学性能； （6）回弹法检测混凝土抗压强度。 教学方式：室内教学、课内实验、报告编写。	1学分1周	本课程成绩由实验表现、实验操作和实验报告三部分组成，其中实验表现占20%，实验操作占20%，实验报告占60%。 实验成绩分：优、良、中、合格、不合格五级。

（续表）

环节名称	内容要求与教学方式	学分/（学时或周数）	考核与成绩判定方式
安全信息系统课程设计	内容要求： （1）安全事故的评估； （2）边坡监测的整体方案设计及图纸布设方案； （3）危险源监测的解决方案； （4）建筑物变形监测的解决方案及现场布设原则。 教学方式：室内教学、学生讨论、设计报告编写。	1 学分 1 周	选题合理性10%、系统分析设计正确规范性20%、系统完整性与实用性20%、学习态度15%、设计说明书规范性10%、综合开发能力25%。课程设计成绩采用五级记分制，评分标准如下： 优秀（90～100分）：能圆满地完成课题任务； 良好（80～89分）：能较好地完成课题任务； 中等（70～79分）：完成课题任务； 及格（60～69分）：基本完成课题任务； 不及格（<60分）：没有完成课题任务或设计说明书中有重大原则性错误。
安全工程数字化训练	内容要求： 对于建筑领域、地质灾害领域、矿山开采领域、石油化工安全领域及城市公共安全领域的数字化训练。建筑施工过程中的危险区域，构造建筑施工安全数字化电子图；地质灾害发生过程中的影响范围，确定地质灾害影响的缓冲区间，开采矿山的过程中，分析影响矿山安全的因素，确定矿山安全数字化的要素，石油化工的安全取决于易燃易爆的控制，掌握石油化工安全控制点及绘制石油化工安全数字化图，根据城市的运行状况，设计城市的三维电子漫游图，并结合公共安全点，设计城市公共安全应急数字化训练电子模型。 教学方式：室内教学、团队实践、报告编写。	2 学分 2 周	根据数字化训练结果及平时表现（70%）、设计产品（15%）和说明书（15%）进行评分。最终综合成绩分为优秀（90～100分）、良好（80～89分）、中（70～79分）、及格（60～69分）和不及格（<60）。
毕业实习	内容要求： 实习内容应与毕业设计（论文）选题紧密结合，广泛收集毕业设计（论文）所需的技术资料。实习学生应收集到不少于10000个字符的外文原文文献和一定数量的中文文献。	2 学分 2 周	根据考试考勤（20%）、实习表现（20%）和实习报告（60%）进行评分，分优、良、中、及格和不及格五个等级。其中，优（90～100分）、良（80～89分）、中（70～79分）、及格（60～69分）、60分以下为不及格。

环节名称	内容要求与教学方式	学分/（学时或周数）	考核与成绩判定方式
毕业实习	现场实习应熟悉相关的工程技术，主要生产环节的工艺参数、工艺过程及其联系，主要设备的工作状况与工作原理；进行安全教育，学习企业的各项管理措施和规章制度；从实践中学习理论联系实际的方法，观察和思考生产过程中的技术和管理问题，培养和提高分析问题和解决问题的能力，树立创新意识。 教学方式：学生根据指导教师的具体要求，选择若干个典型的安全生产现场进行跟班实习。		
毕业设计（论文）	内容要求： 文献查阅与资料收集；外文文献翻译；方案制定与理论计算；绘制图纸或开展实验；数据处理与结果分析；完成毕业设计报告或毕业论文。 教学方式：一人一题在教师的指导下独立完成。	10 学分15 周	指导教师评分占总评成绩的40%，评阅教师评分占总评成绩的10%，答辩教师评分占总评成绩的50%。

　　除工程实践外，根据专业课程教学需要，本专业设置了相应的实验实践教学内容，实验实践内容主要结合理论课程的教授，利用校内实验实习场地，帮助学生加深理解所学的理论知识，锻炼各种实验仪器的操作能力，熟悉实验软件的使用方法等。专业必修课中，除个别课程外，多数专业主干课设置了 8 个学时左右的实验实践，专业选修中的课程也有部分课程安排了实验，部分专业主干课程课内实验实践情况一览表如表 5-14 所示。

　　为保证实验实践教学质量，学校始终把实验实践教学和课堂教学放在同等重要的地位，对实验实践教学内容实行审查认证制度。面向本科生开设的实验实践项目与内容均需通过学院审核，报教学处审批备案。尤其对各实验实践课程的教学大纲进行严格的审定，特别是主干课程和实践性强的课程，制定大纲时都明确了该课程必须完成的实验实践教学内容及所要达到的教学效果，并严格考核。针对安全工程专业，学院配套了教学实验室，从多层次、多维度覆盖安全工程专业各类教学需求。

　　课程主讲教师为本课程实验教学的第一负责人，必须参加相关实验实践教学指导工作，每学期在填写课程教学日历的同时，填报实验实践教学计划并组织实施。教学办负责实验实践教学的过程监控，在规定的时间内完成实验实践教学计划安排，实验实践教学计划的变更需要在教学办审查备案。实验实践指导教师负责本实验实践项目的分批、分组及实验实践教学组织，提前向学生布置预习要求，实验实践前认真检查学生的预习情况。在实验实践过程中，指导教师要注意发现问题，及时指导，注重培养学生的观察、思考、分析和解决问题的能力。实验实践结束后，指导教师需检查学生的数据与结果，确保实验实践记录的真实性。对于综合性、设计性和创新性实验实践，指导教师要与学生认真讨论实施方案，准备实施条件，预计可能出现的问题，并作好充分准备。

表 5-14　部分专业主干课程课内实验实践情况一览表

环节名称	内容要求与教学方式	学时要求	考核与成绩判定方法	形成结果
安全人机工程实验	内容要求：人体尺寸测量实验、棒框仪实验、声光反应时测定实验、频闪融合测定实验。 教学方式：现场演示与指导、学生操作。	8 学时	根据学生在实验课中的表现及实验报告综合评定，其中实验表现占 30%，实验报告成绩占 70%。	实验记录
燃烧与爆炸学实验	内容要求：预混火焰传播速度本生灯测定实验、闪点燃点测试实验、氧指数测定实验、固体火蔓延燃烧测定实验。 教学方式：现场演示与指导、学生动手操作。	8 学时	根据学生在实验课中的表现及实验报告综合评定，其中实验表现占 30%，实验报告成绩占 70%。	实验记录
风险分析与安全评价课程设计	内容要求：基于选定的生产企业现实场景，开展安全评价并完成安全评价报告的撰写。 教学方式：教师指导、学生操作，重视设计评价过程。	8 学时	根据学生在设计中的表现及安全评价报告综合评定，其中设计表现占 30%，安全评价报告成绩占 70%。	设计评价报告

（续表）

环节名称	内容要求与教学方式	学时要求	考核与成绩判定方法	形成结果
安全信息系统实验	内容要求：安全信息系统设计基础、安全信息场景设计、安全信息系统开发、地理空间数据集成。 教学方式：教师指导、学生上机操作，重视实践过程。	16学时	根据学生在实验课中的表现及实验报告综合评定，其中实验表现占30%，实验报告成绩占70%。	实验记录
爆破工程实验	内容要求：导管管爆速测定实验、台阶爆破非电起爆网路实验、电雷管测试、爆破震动安全测试。 教学方式：现场演示与指导、学生操作。	8学时	根据学生在实验课中的表现及实验报告综合评定，其中实验表现占30%，实验报告成绩占70%。	实验记录
防火防爆工程实验	内容要求：建筑材料可燃性测定、材料燃烧烟气分析、爆炸性粉尘浓度测量、粉尘火焰特性参数测量。 教学方式：现场演示与指导、学生操作。	8学时	根据学生在实验课中的表现及实验报告综合评定，其中实验表现占30%，实验报告成绩占70%。	实验记录
安全检测与监测实践	内容要求：建筑物沉降监测综合实验；传感器信号检测、转换与显示实验。 教学方式：现场演示与指导、学生动手操作。	16学时	根据学生在实验课中的表现及实验报告综合评定，其中实验表现占30%，实验报告成绩占70%。	实验记录
安全系统工程实践	内容要求：系统安全实践案例分析与设计。 教学方式：教师指导、学生操作，重视实践过程。	8学时	根据学生在实践中的表现及分析设计报告综合评定，其中实践表现占30%，分析设计报告成绩占70%。	分析设计报告
建设工程力学基础实践	内容要求：建设工程现场勘查、建设工程实验观摩。 教学方式：教师指导、学生操作，重视实践过程。	4学时	根据学生在实践中的表现及实践记录综合评定，其中实践表现占30%，实践记录成绩占70%。	实践记录
资源工程CAD实验	内容要求：二维对象绘制、图形显示控制与编辑、文本与尺寸标注等。 教学方式：教师指导、学生上机操作，重视实验过程。	24学时	根据学生在上机实验中表现及图纸绘制综合评定，其中上机表现占30%，图纸绘制成绩占70%。	图纸

（续表）

环节名称	内容要求与教学方式	学时要求	考核与成绩判定方法	形成结果
工矿通风与除尘课程设计	内容要求：矿井通风系统设计。 教学方式：教师指导、学生操作，重视设计过程。	8 学时	根据学生在设计中的表现及设计报告综合评定，其中设计表现占 30%，设计报告成绩占 70%。	设计报告

5.9 四川师范大学环境工程

本专业紧紧围绕人才培养目标，以专业建设规划和人才培养方案为依据，以培养学生工程实践能力和工程应用能力为核心，形成了"一个导向、三个层次"的专业实践教学体系（见表 5-15）。一个导向是指以工程实践能力和创新创业能力为导向。三个层次是指实践教学的结构和内容分解为"基本技能训练、专业综合能力训练、综合工程实践"三个层次，分别对应环境工程专业实验、课程设计、实习和科研创新。环境工程专业课程实验注重培养学生基础实验技能与初步设计能力，课程设计注重培养学生考虑多方因素应用综合知识和综合设计开发的能力，实习和科研创新更注重培养学生分析问题、团队合作和创新能力。

表 5-15　专业实践教学体系一览表

环节名称	课程和内容	教学方式	学分	考核与成绩判定方式
专业课程实验	基于本专业特色，根据课程地位和作用，包括环境工程基础实验和污染控制实验两类。具体包含：环境工程原理实验、环境监测实验和环境工程微生物学实验、水污染控制实验、大气污染控制实验、固体废物处理与处置实验、物理性污染控制，环境化学实验，环境工程 CAD、环境工程综合实验（一）和（二）等。 实验的类型包括认知性实验、验证性实验、综合性实验和设计性实验等。	包括讲授法、演示法和讨论式教学法等。强化实验前预习；做好实验课堂教学工作，注重实验过程；强化讨论式教学。	14.5	考核方式：预习报告、实验表现、实验报告。 重点考查能力：对特定的复杂环境工程问题进行研究，使用现代工具，责任感和团队合作精神。

（续表）

环节名称	课程和内容	教学方式	学分	考核与成绩判定方式
课程设计	主要指基于课程群的综合实践项目，包括《大气污染控制课程设计》《水污染控制课程设计》《固体废物处理与处置课程设计》及《环境影响评价设计》	主要包括讲授法和案例教学法。对课程的理论知识进行讲授；结合实际案例，使理论知识更为立体。	6	考核方式：平时成绩、设计说明书、设计计算书、设计图纸。重点考查：设计/开发解决方案、使用现代工具、工程与社会、环境和可持续发展、责任感和团队合作、项目管理。
实习	主要包括专业实践（金工实习）、专业实践训练1（专业认识实习）、专业实践训练2（生产实习）及毕业综合训练（毕业实习）等。	理论讲授和实践相结合。	7	考核方式：平时成绩、实习日记、实习报告、实习答辩。重点考查：工程与社会、职业规范、责任感和团队合作。
创新创业	创新创业训练课程、学科竞赛、科研项目实践、研究成果、创业实践等。	概念—案例—分析—应用，实际训练与理论讲授相结合。	6	核方式：创新创业报告、设计、论文、作品、著作、专利、职业资格证书等。重点考查：设计/开发解决方案、工程与社会、团队合作、项目管理、终身学习。

本专业实践环节中，以水污染控制工程实验（1.5学分）对专业课程实验进行说明。

通过实验操作、观察实验现象和实验结果的分析，加深学生对课堂学习的基本概念和基本原理的理解，巩固所学内容和知识；学会常用实验仪器和设备的使用，培养学生实际动手能力和解决实际问题的能力；掌握水污染控制工程实验的基本方法、实验方法设计、实验操作和实验数据的收集、分析和归纳，为培养学生的创新能力打下基础，为后续的毕业设计（论文）提供保障，主要课程内容和学时安排如表5-16所示，教学实验类型有验证性、综合性、设计性等。由此可见，本专业环境工程实验课程设置符合工程认证标准要求。

表 5-16　水污染控制工程实验课程内容和学时安排

实验项目名称	内容提要与实验要求	学时分配	实验类型	主要实验设备
颗粒自由沉淀实验	（1）自配模拟废水；（2）将模拟废水注入沉淀管中，测定原水中悬浮物的浓度后进行自由沉降过程，每隔一定时间从取样口取样，测定所取水样中悬浮物浓度，对实验数据进行分析、整理，绘制 u-E、t-E 及 u-P 曲线；（3）用重量法测定水中悬浮物的浓度。	8	验证性实验	（1）有机玻璃管沉淀柱一根，内径 D≥100mm，高 1.5m；（2）配水及投配系统包括钢板水池、搅拌装置、水泵、配水管、循环水管和计量水深用标尺；（3）悬浮物定量分析所需设备：万分之一天平、带盖称量瓶、干燥皿、烘箱、抽滤装置、定量滤纸等。
斜板沉淀实验	（1）熟悉斜板沉淀池的构造及工作原理；（2）测定原水的浊度或 SS；（3）开启进水水泵，让废水以一定的流速进行斜板沉淀池进行沉淀处理，记录废水上升的时间和上升的高度；（4）测定处理出水的浊度或 SS，计算运行时的表面水力负荷；（5）改变废水的流速，重新进行沉淀实验，计算该流速下的表面水力负荷，比较表面水力负荷对处理效果的影响。	4	验证性实验	（1）斜板沉淀池模型；（2）配水及投配系统；（3）悬浮物定量分析所需设备：万分之一天平、带盖称量瓶、干燥皿、烘箱、抽滤装置、定量滤纸等。
混凝沉淀实验	（1）测定原废水浊度、pH 和水温，将原水放入处理装置进行混凝处理；（2）确定在原水中能形成矾花的近似最小混凝剂量；（3）确定实验时的混凝剂投加量；（4）测定处理后水样的浊度、pH；（5）测量计算速度梯度 G 和 GT 值所需数据；（6）绘制浊度-投药量曲线及 pH-投药量曲线。	4	验证性实验	（1）无极调速六联搅拌器；（2）pH 酸度计；（3）光电浊度仪 1 台。
活性污泥性质的测定实验	（1）测定活性污泥的 SV30、SVI、MLSS、MLVSS 等性质指标值；（2）用生物镜检观察活性污泥的形态。	4	验证性实验	（1）水分快速测定仪；（2）真空过滤装置；（3）分析天平；（4）马弗炉；（5）烘箱。

（续表）

实验项目名称	内容提要与实验要求	学时分配	实验类型	主要实验设备
污泥比阻的测定实验	（1）测定污泥的含水率，求出干固体浓度；（2）记录待测污泥依靠重力过滤时，计量管中的滤液量；（3）额定真空度下，每间隔一定时间记录计量管中的滤液量；（4）测定滤饼的含水率，计算污泥比阻值。	4	验证性实验	（1）污泥比阻测定实验置；（2）烘箱。
活性炭吸附实验	（1）间隙式活性炭吸附处理废水。①绘制甲基橙废水浓度与吸光值标准曲线；②测定不同吸附剂投加量时，吸附后滤液吸光值；③绘制吸附容量与吸附平衡时溶液浓度的吸附等温线。（2）连续流活性炭吸附处理废水（选做）。	4	验证性实验	（1）间歇式、连续式活性炭吸附实验装置；（2）振荡器；（3）烘箱；（4）COD、SS 测定分析装置。
自来水的深度处理实验	（1）掌握水处理仪器的操作方法；（2）加深对砂滤、活性炭过滤、离子交换、精滤和臭氧消毒原理的了解；（3）掌握 pH 值、电导率和细菌等的测定方法。	4	验证性实验	自来水的深度处理设备
臭氧氧化提高废水可生化性的实验	（1）理解废水可生化性的意义；（2）掌握臭氧氧化处理废水的原理和操作方法；（3）掌握废水 COD 和 BOD5 的测定方法。	8	设计性实验	（1）臭氧发生器；（2）紫外分光光度计；（3）COD、BOD 测定仪器。
紫外／超声／臭氧处理甲基橙模拟废水实验	（1）掌握紫外光照降解法处理废水的原理和操作方法；（2）掌握超声波降解法处理废水的原理和操作方法；（3）掌握臭氧氧化法处理废水的原理和操作方法。	8	综合设计性实验	（1）臭氧发生器；（2）紫外灯；（3）超声波清洗器。

5.10 山东理工大学化学工程与工艺

　　本专业高度重视实践教学在人才培养中的重要作用，为培养学生的创新精神和实践能力，近几年大幅度加强了实践教学的内容和投入。针对社会单位对学生实践能力的需求，为加强本专业学生的实践能力，学院构建了"四模块三层次两互动一体化"实践能力培养体系，如图 5-4 所示。在实验、实训、创新、实践四个模块突出产学互动，引导采取多样化的方式增加企业实际生产和研发中有待解决和已经解决的问题作为教学内容进行教学设计。"三层次"指由基础到应用的课内实验建设、工程实训建设和企业实习建设，三个层次由理论向实践，由课堂向产业逐层加深；"四模块"指培养学生的动手实验、科学研究、工程设计和创新创业四种实践能力。"三层次"体系将学生的实践能力由浅入深逐级培养，"四模块"体系针对应用型人才的社会需求，培养学生的学习、科研、设计和创新创业能力。通过校企互动、师生互动，达到产学研用一体化教学。以这一实践教学体系为核心成果，"校企合作提升化学化工类专业本科生实践创新能力的系统设计与实施"获得山东省高等教育教学成果奖二等奖。

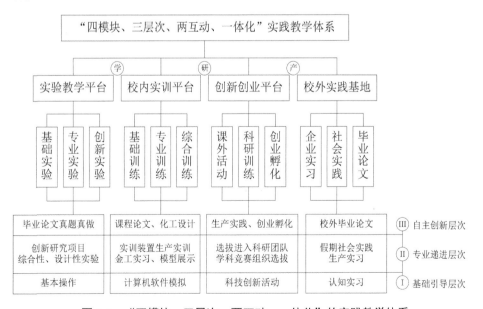

图 5-4　"四模块、三层次、两互动、一体化"的实践教学体系

按照本专业 2013 版培养方案要求，每个学生在毕业前必须完成的集中实践教学环节如表 5-17 所示。总学分为 36.0，所占比例为 20.11%，满足专业认证通用标准中工程实践类课程学分比例不低于 20% 的要求。

表 5-17　化学工程与工艺专业工程实践与毕业设计（论文）类课程一览表

序号	工程实践和毕业论文（设计）			化学工程与工艺专业					通用标准
				学分		占总学分的比例			
	课程名称	学分	课程性质	必修	选修	必修	选修	小计	
1	入学教育及军训（A）	0	必修	36.0	0	20.11%	0	20.11%	至少占总学分的20%
2	公益劳动(A)	0	必修						
3	社会实践(A)	0	必修						
4	思想政治理论课实践教学	2.0	必修						
5	化工原理课程设计(A)	2.0	必修						
6	化工专业课程设计	2.0	必修						
7	化工认识实习	2.0	必修						
8	化工生产实习	4.0	必修						
9	金工实习(C)	2.0	必修						
10	化工仿真实训	1.0	必修						
11	科技创新实	4.0	必修						
12	化工学院毕业设计（论文）	17.0	必修						
13	毕业鉴定(A)	0	必修						
小计		36.0				总学分 179.0			

（1）素质类训练包括：入学教育及军训、公益劳动、社会实践和思想政治理论课实践教学。对专业的概念性认知实践在学生入学的专业教育过程中完成。

（2）实验类课程与课程设计包括：化工专业实验、化工原理课程设计及化工专业课程设计。

（3）专业实践训练环节包括：化工认识实习、化工生产实习及金工实习。

（4）综合实践环节包括：化学工程训练、化工仿真实训及毕业设计（论文）。

（5）创新创业类活动：科技创新实践。

具体如表 5-18 和表 5-19 所示。

表 5-18　设计类实践环节

设计 名称	内容与工作量要求	学 分	考核与成绩判定方式
化工原理课程设计	完整的化工原理课程设计由说明书和图纸两部分组成。具体包括主要内容： 1. 封面（课程设计题目、班级、姓名、指导教师、时间）； 2. 目录； 3. 设计任务书； 4. 设计方案简介（对给定或选定的工艺流程，主要的设备型式进行简要的论述）； 5. 工艺设计计算（包括工艺参数的选定、物料衡算、热量衡算、设备的工艺尺寸计算及结构设计）； 6. 典型辅助设备的计算及选型（包括典型辅助设备的主要工艺尺寸计算和设备型号规格的选定）； 7. 设计结果汇总表； 8. 设计评述及设计者对本设计有关问题的讨论； 9. 工艺流程图（以单线图的形式绘制，标出主体设备和辅助设备的物料流向、物流量、能流量和主要化工参数测量点）及设备工艺条件图（图面上应包括设备的主要工艺尺寸、技术特性表和接管表）； 10. 参考资料。	2	考核方式：综合评定，成绩采用五级记分制（优秀、良好、中等、及格、不及格）。 成绩主要由学生的平时考勤和纪律与综合表现、计算说明书、图纸质量三部分按比例组成。 课程总评成绩=平时考核成绩×10%～20%+计算说明书成绩×50%～60%+图纸质量成绩×20%～40%。
化工专业课程设计	学生根据教师下发的设计任务书逐项展开设计工作： 1. 文献调研，准备设计需要的资料和数据； 2. 利用 Aspen 软件建立化工项目生产工艺流程，并完成 PFD、PID 图纸的绘制； 3. 优化生产工艺和工艺参数，并结合换热网络技术，确定物料衡算和能量衡算结果；	2	平时的过程考核分数占该门课程最终成绩的 10%～20%。设计材料及答辩占该门课程最终成绩的 80%～90%。从设计项目的五个方面：内容完整性、过程及结果合理性、设计文件规范性、图纸质量、项目答辩，综合给出最终成绩。

（续表）

设计名称	内容与工作量要求	学分	考核与成绩判定方式
化工专业课程设计	4. 设备设计和选型，完成设备设计条件图； 5. 绘制车间平立面和配管图纸； 6. 进行化学项目经济评价； 7. 撰写初步设计说明书和可行性研究报告； 8. 现场答辩。		
科技创新实践	根据科技创新实践选题，阅读或查阅 30 篇以上中、外文原始文献资料，对选题方向的最新国内外进展进行文献评述，其成果应反映在科技创新实践报告中。 根据选题的文献综述进行新产品开发的主要工作。设计合理的实验方案或选择工艺流程，并进行足够数量的实验、测试、设计、计算、绘图等操作任务。完成过程中在原始记录中有可供查证的记录。 撰写一篇不少于 8000 字（包括图、表等）的文献综述和实验或设计方案，同时进行可行性分析，并根据初步的实验结果进行预测。	4 学分/4 周	平时的过程考核分数占该门课程最终成绩的 30%。科技报告（论文或设计）材料及答辩占该门课程最终成绩的 70%。从下面项目的 5 个方面： 1. 调查与综合：能独立查阅文献资料，完成社会调查或现场考察任务，有收集、综合和正确利用各种信息及获取新知识的能力，开题报告质量高。 2. 课题完成情况：按期完成任务书规定的任务，工作努力，严谨务实，遵守纪律，善于与他人合作，动手能力强。 3. 实验（设计）方案：实验（设计）方案论证充分，实验、计算、分析、论据正确，对前人工作有所改进或突破。 4. 实验方案（设计说明书）可行性：实验方案（设计方案）合理，实验（工艺）可行。计算准确、论据充分、结构严谨；语言准确、流畅，符合撰写要求。 5. 基础理论的掌握及创新：较好地掌握本专业的基础理论和专业知识，工作中有创新意识或成果有一定的应用价值。

表 5-19　本专业以团队形式完成的实践教学活动

环节名称	内容要求与教学方式	学分/（学时或周数）	考核与成绩判定方式
化工专业课程设计	5 名学生自动组成项目小组，根据教师下发的设计任务书逐项展开设计工作： 1. 文献调研，准备设计需要的资料和数据； 2. 利用 Aspen 软件建立化工项目生产工艺流程，并完成 PFD、PID 图纸的绘制； 3. 优化生产工艺和工艺参数，并结合换热网络技术，确定物料衡算和能量衡算结果； 4. 设备设计和选型，完成设备设计条件图； 5. 绘制车间平立面和配管图纸； 6. 进行化学项目经济评价； 7. 撰写初步设计说明书和可行性研究报告； 8.现场答辩。	2 学分/1 周	平时的过程考核分数占该门课程最终成绩的 10%～20%。设计材料及答辩占该门课程最终成绩的 80%～90%。从设计项目的五个方面： 1. 内容完整性：考核对设计目的及内容的了解程度； 2. 过程及结果合理性：考核对设计基本原理及工程计算技能的掌握程度； 3. 设计文件规范性：考查书写设计说明书的规范程度和严谨程度； 4. 图纸质量：考核图纸的规范程度和严谨程度； 5. 项目答辩：考核学生团队协作能力、基本表达能力和逻辑思考能力。 综合各项要求给出最终成绩。
化工生产实习	4 名学生组成一个小组，根据生产实习要求在不同的车间进行实习工作，主要包括以下内容： 1. 共同调研某一类化工产品的类型、生产工艺、产品的原料来源和种类、产品用途及行业发展的现状和未来发展趋势； 2. 进企业前，共同学习和掌握生产实习的要求，制订个人实习计划和小组的计划； 3. 一起分析车间的生产月报、计划报表、操作规程、技术卡片、岗位操作法、通用标准、技术检查资料、技术总结、厂内外研究工作报告、初步设计说明书等对生产工艺进行归纳总结； 4. 按实习要求，整理有关数据，通过绘制图表、路线图等方法对资料进行细致的整理收集； 5. 一起进行实习总结，制作汇报 PPT，进行实习汇报和总结。	4 学分/4 周	生产实习包括以下内容：生产实习规范测试、生产实习预习报告、生产实习考勤、生产实习工作日志、生产实习汇报PPT和生产实习工作总结六部分，分别占20%、20%、10%、20%、10%和20%的比例。其中，工作日志、实习汇报、工作总结要按照团队的综合表现进行评价。

5.11 武汉理工大学材料物理

【标准要求】工程实践与毕业设计（论文）（至少占总学分的 20%）。设置完善的实践教学体系，并与企业合作，开展实习、实训，培养学生的实践能力和创新能力。毕业设计（论文）选题要结合本专业的工程实际问题，培养学生的工程意识、协作精神以及综合应用所学知识解决实际问题的能力。对毕业设计（论文）的指导和考核有企业或行业专家参与。

★满足标准情况：本专业的工程实践与毕业设计（论文）环节共计 34 学分，占总学分的 21.2%，大于标准要求的 20%。实践教学体系完善，与企业合作建立实践基地，开展实习、实训，培养了学生的实践能力和创新能力。毕业设计（论文）选题结合了本专业的科研前沿和工程实际问题，培养了学生的科学思维能力、创新设计能力、实践能力、协作精神和工程意识，培养了学生综合应用所学知识解决实际问题的能力，行业或企业专家参与了毕业设计（论文）的指导和考核。

（1）本专业实验和实践教学体系

本专业课程体系中实践环节的课程体系合计 34 学分，占总学分的 21.2%，符合通用标准≥20%的要求。工程实践和毕业设计（论文）类课程教学体系环节名称、支撑的毕业指标点，内容要求与教学方式、学分要求、成绩判定方式等详如表 5-20 所示。

表 5-20 本专业数学与自然科学类课程达到通用标准和材料类补充标准要求汇总表

	课程名称	课程性质	学分	对应支撑的毕业要求	符合补充要求的说明
专业实验环节	物理实验	必修	1	4.3	实验与实践类环节、理论与实践实训相结合，涉及根据任务需求进行材料结构设计、工艺或部件设计、原料选择、合成与制备、方案实施、数据收集与逻辑计算、综
	无机化学实验	必修	1	8.2	
	有机化学实验	必修	1	9.2	
	物理化学实验	必修	1	4.3	
	材料研究与测试方法实验	限选	1	4.3、4.4、5.3、6.2	
	功能材料综合实验	必修	3.5	9.1、9.2	

（续表）

	课程名称	课程性质	学分	对应支撑的毕业要求	符合补充要求的说明
专业实验环节	功能材料制备与物理性能创新实验	必修	3	3.2、3.3、4.2、4.3、4.4	合与分析等环节，解决合成与制备等工艺过程的材料选择、设计、工艺流程及参数确定等材料领域复杂工程问题。
设计类环节	机械制造工程实训	必修	1	3.3、6.1	
	材料科学基础实验	必修	1	2.3、3.1	
	材料设计与理论计算实验	必修	2	3.2、5.2、5.3	
专业实践环节	军事训练	必修	1.5	9.2	
	电工电子实习	必修	1	8.2	
	认识实习	必修	1	6.1、8.1、8.2	
	专业实习	必修	3	6.1、6.2、7.2、9.2	
	毕业论文	必修	9	3.2、3.3、4.1、4.2、4.4、5.1、5.3、10.1、10.2	
学分共计			34	占总学分的 21.2%，符合通用标准≥20%的要求。	

本专业实验实践环节的设置总体上遵循与理论课程衔接的原则，包含物理、化学等自然科学类，电子电工、机械设计等工程基础类，专业基础实验、专业综合实验、器件设计训练等专业类环节。根据不同年级学生的知识掌握程度，逐步递进，使学生具有系统的工程实践学习经历。其中工程基础技能培养主要是针对一、二年级的学生，在学习工程学科基础理论的基础上，培养和训练学生基本的工程实践能力，主要由"机械制造工程实训""计算机基础与程序设计综合实验""电工电子实习"等工程类学生的基本训练组成。对于三年级学生，已经掌握一定的专业知识和基本的技能，以具备一定的与本专业相关的工程设计能力为实践目的，这个阶段的实践是为期 1 周的认识实习和 3 周的"专业实习"。专业基础和专业课程的实验设置为独立实验课程，在满足学生专业技能的基础上，培养综合应用知识解决实际工程问题的能力，包括功能材料制备及物理性能创新实验、微电子与光电子技术综合实验、材料设计与理论计算实验、功能材料综合实验等，均以集中实验周的形式开展。对于三、四年

级学生，主要实践环节为"认识实习"和"专业实习"，通过在企业实习基地进行的 4 周实践，在训练学生专业技能的基础上，培养综合应用知识解决复杂工程问题的能力。

本专业每个学生毕业前必须完成的设计类实践环节如表 5-21 和表 5-22 所示。

表 5-21　本专业每个学生必须完成的设计类实践环节一览表

环节名称	内容要求与教学方式	学分	考核与成绩判定方式	课程达成目标评价方式
功能材料制备及物理性能创新实验	高频覆铜介质复合材料制备与微波介电性能分析，量子点敏化太阳能电池制备与光电性能分析，纳米带的制备与气敏性能测试，锂电池材料与器件制备及电性能综合分析，纳米材料的低温自燃烧法制备与半导体性能综合分析，碳基电极的制备与超级电容器性能测试 教学方式：在教师指导下 1～2 人一组完成操作。	3	(1)预习 30%； (2)实验设计、实验实施与过程记录 30%； (3) 结果评价与讨论 30%； (4) 思考题等 10%。	（1）成绩统计表； （2）课程目标达成情况分析表。
机械制造工程实训	（1）了解各类机械制造常见加工方法、工艺特点；（2）掌握常见机械制造实训设备的实际操作；（3）建立机械制造生产过程的概念。 教学方式：在教师指导下每个学生独立完成各项操作。	2	(1)操作技能； (2) 工艺原理和过程分析 50%。	
材料设计与理论计算实验	XRD 图谱分析、第一性原理计算预测材料性能-晶体、第一性原理计算预测材料性能-表面吸附、过渡态搜索计算、有限元计算-轴承座、有限元计算-压电振子 教学方式：在教师指导下每个学生独立完成操作。	2	(1)实验报告 60%； (2) 小组汇报 40%。	

表 5-22　本专业以团队形式完成的实践教学活动一览表

环节名称	内容要求与教学方式	学分	考核与成绩判定方式	课程达成目标评价方式
功能材料综合实验	介电材料的极化与介电、压电、铁电性能综合分析，水热法制备 ZnO 纳米薄膜及光学性能，氧化石墨烯的制备及吸附性能的测试，大气多污染物的脱硫脱硝综合分析，TiO_2 纳米管阵列制备与光催化性能测试，有机-无机分子组装材料制备及结构分析，磁控溅射制备功能薄膜及显微分析，CVD 制备功能薄膜及性能分析，半导体芯片的制备与综合性能分析，声学性能综合分析。 教学方式：在教师指导下每个学生独立完成操作。	3.5	(1)预习 30%； (2)实验设计、实验实施与过程记录 30%； (3)结果评价与讨论 30%； (4)其他（思考题等）10%。	(1)成绩统计表； (2)课程目标达成情况分析表。
专业实习	1.实习动员与实习安全教育；2.熟悉各种原材料的基本性质及选用原则；3.熟悉功能材料及器件的制备方法、工艺要求、设备类型及其工作原理，了解产品成型新技术的应用、成型过程中的生产管理方法；4.学生在各自的实习单位中，根据实习单位中的功能材料及器件产品所采用的制备工艺，在各个成型车间进行轮换，完成成型车间的实习要求；5.材料检验与产品质量控制；6.企业运营管理及相关技术讲座、座谈与交流；7.功能材料及器件材料生产的健康、安全及可持续发展的相关技术讲座。 教学方式：在教师指导下，集中轮岗实习。3～4 人一组。	3	(1)实习综合表现 50%； (2)实习报告 50%。	(1)成绩统计表； (2)课程目标达成情况分析表。
军事训练	加强学生身体素质，深入了解国家军事，增强国家安全意识。 包括：跑步、军姿、团队协作等。	1.5	(1)身体素质测评 50% (2)团队拉练 50%	(1)成绩统计表； (2)课程目标达成情况分析表。

5.12 昆明理工大学食品科学与工程

本专业的工程实践教学体系包括工程训练、课程实验、课程设计、生产实习、毕业实习及毕业设计（论文）等。各实践环节均有规范的教学文件，如教学大纲和教学管理规范/规定，实验指导书、毕业设计（论文）指导书、实习指导书，实验报告、实习报告等。在这些实践环节中，培养了学生的工程制图、食品工艺、食品分析、食品工厂设计等工程实践能力，培养学生的职业道德和责任感，团队协作和沟通能力，达到本专业人才培养目标，满足毕业要求。本专业设置的实践教学体系如表 5-23 所示。实践教学运行模式如表 5-24 所示。

表 5-23　食品科学与工程专业实践教学体系

名称	内容要求与教学形式	学分要求	考核与成绩判定方式	形成结果
基础课实验				
物理实验（1）	掌握物理实验的现象与原理。 教学方式：实验室操作。	2	考勤、实验操作、实验报告	实验报告
物理实验（2）	掌握物理实验的现象与原理。 教学方式：实验室操作。	2	考勤、实验操作、实验报告	实验报告
无机化学实验（A）	掌握无机化学反应的现象与原理、基本实验技能。 教学方式：实验室操作。	2	考勤、实验操作、实验报告	实验报告
有机化学实验（A）	掌握有机化学反应的现象与原理。 教学方式：实验室操作。	2	考勤、实验操作、实验报告	实验报告
物理化学实验（B）	掌握物理化学反应的现象与原理。 教学方式：实验室操作。	1	考勤、实验操作、实验报告	实验报告
专业实验				
食品生物化学实验	训练学生的基本实验技能，使学生了解并掌握生物化学的基本实验方法，具备能够选用实验装置安全开展实验并正确采集数据，分析数据并通过信息综合得到合理有效的结论。 教学方式：实验室操作。	2	预习、实验操作、实验报告	实验报告
食品微生物学实验	训练微生物学实验的基本原理和实验方法，掌握微生物基本实验技能，熟悉食品微生物的研究思路和研究方法，掌握简单发酵食品的制作流程和影响因素。 教学方式：实验室操作。	2	预习、实验操作、实验报告	实验报告

（续表）

名称	内容要求与教学形式	学分要求	考核与成绩判定方式	形成结果
食品化学实验	通过食品化学实验原理的学习、样品处理、实验操作、数据处理、结果分析等的全过程实践，使学生将基础理论用于具体实践，掌握食品化学实验的基本原理和方法，分析与处理数据，获得有效实验结论。 教学方式：实验室操作。	1	预习、实验操作、实验报告	实验报告
食品分析实验	通过食品分析原理的学习、样品处理、实验操作、数据处理、结果分析等全过程的实验教学与实践，使学生加深对食品分析基本理论的理解，熟练掌握食品分析的实验方法和基本操作技能。使学生养成独立思考，独立准备和进行实验的能力，养成细致的观察和记录实验现象的良好习惯，获得正确归纳综合处理数据和分析实验结果的能力。 教学方式：实验室操作。	2	预习、实验操作、实验报告	实验报告
食品质量与安全检测技术实验	学习食品质量与安全相关检测技术的基本原理，样品处理、实验操作、数据处理、结果分析等的全过程实践，使学生将基础理论用于具体实践，掌握食品检测方法的基本原理和方法，分析与处理数据获得有效实验结论，提高学生动手、独立分析和解决问题的能力。 教学方式：实验室操作。	1	预习、实验操作、实验报告	实验报告
食品工艺学实验	通过实验熟悉食品生产工艺，掌握典型食品的加工方法，学习对比试验、平行实验在实验研究中的应用，实验内容的组织把基础性质与专业性产品生产技术结合起来，使学生更好地掌握各类食品的加工方法，培养学生观察思考、分析问题和解决问题的能力。 教学方式：实验室操作。	2	预习、实验操作、实验报告	实验报告，小论文
工程实践				
大学计算机基础上机实践	掌握计算机的基本操作。 教学方式：机房操作。	2	考勤、上机实践、期末测试	期末测试
JAVA 语言程序设计上机实践	掌握 C 语言的编程基本方法。 教学方式：机房操作。	2	考勤、上机实践、期末测试	期末测试

（续表）

名称	内容要求与教学形式	学分要求	考核与成绩判定方式	形成结果
工程训练B	掌握材料基础及热加工，车、铣、刨、磨、钳，部件拆卸与装配，数控车、数控铣、加工中心、数控电火花线切割、数控电火花成形、快速成形、激光刻蚀、注塑加工等。 教学方式：昆明理工大学工程训练中心实训。	2	考勤、理论学习、实践操作	技能操作
课程设计				
化工原理课程设计（A）	掌握化工设计的程序和方法，培养学生分析和解决工程实际问题的能力；综合分析设计的任务和要求，正确选定工艺流程、掌握过程计算以及工艺设备的设计计算方法；学会用精练的语言、简洁的文字、清晰的图表来表达自己的设计思想和设计结果；提高学生查阅文献资料、搜集有关数据文献资料、搜集有关数据、运用计算公式的能力；提高学生在设计中运用计算机的能力。 教学方式：理论教学与现场指导。	2	考勤、设计说明书、设计图	设计说明书、设计图
专业实习				
认识实习	了解实习企业发展历史、现状、发展前景和企业的规章制度和生产安全措施；了解实习工厂主要产品生产过程与生产方法，了解食品典型生产技术的特点，重点掌握单元操作过程在食品生产过程中的应用。 教学方式：现场讲解、参观。	2	考勤、实习表现、实习报告	实习报告
生产实习	了解实习企业发展历史、现状、发展前景和企业的规章制度和生产安全措施；对全厂平面布局及重点车间的平面和立体布置有一定的了解；掌握实习企业主要主要产品的生产工艺过程及技术原理，掌握生产车间的主要设备和工艺管线的布置，运用学过的基本理论和知识分析生产实际的问题；从原材料处理的工艺流程到产品生产、检验、包装等等进行详细的了解，结合理论知识进一步加深理解和掌握；掌握主要产品的质量保证程序以及主要质量指标的检测方法；对食品生产车间的工艺流程及各种工艺参数等进行详细的了解，并结合学过的理论知识进一步加	3	考勤、实习表现、实习报告	实习报告

（续表）

名称	内容要求与教学形式	学分要求	考核与成绩判定方式	形成结果
生产实习	深理解和掌握：对主要设备结构及工作原理进行了解；结合学过的理论知识对车间仪表及自动控制情况、节能、环保、辅助材料的应用、车间布置等进行详细的了解和掌握。了解企业对于大学毕业生的需求和要求。 教学方式：理论教学与现场指导。			
毕业实习	深入了解重点车间的工艺流程和工艺条件，独立绘制出车间详细的生产流程图，了解设备平面布置图，详细了解本车间的主要设备，并独立绘制设备草图；掌握生产的基本操作方法，了解开停车步骤、典型的生产事故及其处理方法，并对现场的生产实际进行理论分析和评价；结合生产工艺，概括地了解全厂性问题及车间的一般性问题，如建筑、水、电、汽（气）、制冷等公用工程和安全生产问题、经济技术、环境保护、人员组织与管理等问题；对所设计的生产方案、工艺流程、操作条件和主要设备的确定与选择作出初步考虑，并收集毕业设计所需要的资料。 教学方式：理论教学与现场指导。	3	考勤、实习表现、实习报告	实习报告
毕业设计（论文）				
毕业设计（论文）（13 周）	系统地巩固和扩展理论知识及技能；培养依据课题进行资料的调研收集、加工整理和正确使用工具书的能力；掌握有关工程设计的程序、方法与规范，提高工程设计计算、图纸绘制、编写技术文件的能力，进一步提高提出问题、分析问题与解决工程实际问题的能力；树立正确工程意识、经济意识、社会意识、环境意识及正确的设计思想；培养严肃求实的科学作风。 教学方式：理论教学与现场指导、实验室操作。	13	考勤、实习表现、设计资料	设计说明书、设计图纸、光盘
创新实践				
创新实践	通过实现具体的项目，培养学生的创新意识、创新能力。综合所学各科知识，解决实际问题，提高学生理论联系实际的能力，同	2	实践论文、调查报告	实践调查报告

（续表）

名称	内容要求与教学形式	学分要求	考核与成绩判定方式	形成结果
创新实践	时通过项目过程中的协调与互助，培养学生的集体荣誉感，发掘、培养学生的多元智能，给学生提供更多自主建构知识的机会。 教学方式：理论教学与现场指导、实验室操作。			
社会实践				
社会实践（2周）	通过参加社团活动、创新创业竞赛等社会实践增强学生综合素质。 教学方式：实践教学。	1	实践论文、调查报告	调查报告

　　毕业设计是以工厂建设为目标的初步设计，教学上以 3 周的毕业实习为基础，收集工厂建设资料，完成食品项目的工厂初步设计，实现工程师的技能锻炼。毕业设计的时间为 13 周，毕业环节总时间为 16 周。

表 5-24　实践教学运行表

环节名称	实践名称		教学模式
基础课实验	物理实验（1）		以实验内容为单位，1～2 人一组,由实验指导教师和实验员负责，同时在实验室完成。
	物理实验（2）		
	无机化学实验（A）		
	有机化学实验（A）		
	物理化学实验（B）		
专业实验	食品生物化学实验		以实验内容为单位，2 人一组，按实验安排由实验指导教师负责，在不同实验室完成。
	食品微生物学实验		以实验内容为单位，2 人一组，按实验安排由实验指导教师负责，在不同实验室完成。
	食品化学实验		以实验内容为单位，2 人一组，按实验安排由实验指导教师负责，在不同实验室完成。
	食品分析实验		以实验内容为单位，2 人一组，按实验安排由实验指导教师负责，在不同实验室完成。
	食品质量与安全检测技术实验		以实验内容为单位，2 人一组，按实验安排由实验指导教师负责，在不同实验室完成。
	食品工艺学实验		以实验内容为单位，4～6 人一组，由实验指导教师负责，同时在实验室完成。
工程实践	计算机综合仿真训练	大学计算机基础上机实践	以教学内容为单位，1 人一组，由任课教师负责同时在机房完成。
		JAVA 语言程序设计上机实践	

（续表）

环节名称	实践名称		教学模式
工程实践	工程训练	工程训练（B）	以实训内容为单位，1 人一组由指导教师负责，在工程实训中心完成。
课程设计	化工原理课程设计(A)		以课题为单位，8~15 人一组，由指导教师负责，在设计教室完成。
专业实习		认识实习（2 周）	以企业生产单元操作为单位，10~15 人一组，由企业技术人员负责现场教学，指导教师负责协调、管理，共同完成。
		生产实习（3 周）	以企业生产单元操作为单位，5~10 人一组，由企业技术人员负责现场教学，指导教师负责协调、管理，共同完成。
		毕业实习（4 周）	结合设计课题，以企业生产单元操作为单位，2~8 人一组，由企业技术人员负责现场教学，指导教师负责协调、管理，共同完成。
毕业设计（论文）	毕业设计（论文）（13 周）		以课题为单位，2~8 人一组，由专业指导教师负责，在设计教室或实验室完成。

专业课实验教学过程中创造条件，多开综合性实验和设计性实验，例如食品工艺学实验，综合性设计性实验占实验学时的 60%，培养学生综合应用所学知识解决实际问题的能力。

5.13 福建工程学院计算机科学与技术

【标准要求】工程实践与毕业设计（论文）（至少占总学分的 20%）。设置完善的实践教学体系，并与企业合作，开展实习、实训，培养学生的实践能力和创新能力。毕业设计（论文）选题要结合本专业的工程实际问题，培养学生的工程意识、协作精神以及综合应用所学知识解决实际问题的能力。对毕业设计（论文）的指导和考核有企业或行业专家参与。

为了培养学生的动手能力和创新能力，本专业设置了较为完善的实践教学体系，以培养学生解决复杂工程问题的意识和创新实践能力。实践教学环节主要包括课内实验、课程设计、工程项目开发、毕业实习和毕业设计，其中课程课内实验不单独计算实践教学学分，因而实践教学体系总学分为 37 学分，占总学分的 20.39%，符合通用标准大于总学分 20% 的要求。实践教学体系各实践教学环节的基本情况如表 5-25 所示。

课内实验教学环节、教学方法以及考核标准等参见各相应课程教学大纲。课内实验教学通常与相应课程理论授课交叉进行，学期初，任课教师需要提前写好授课计划、实验安排表以及实验指导书。学生完成实验后需要按要求撰写实验报告，任课教师根据学生实验完成情况和实验报告评定课内实验教学环节成绩，并计入相应理论课程总评。

下面主要对课程设计、工程项目开发、毕业实习和毕业设计这几个独立实践教学环节各课程教学内容、教学方法、考核方式等予以详细说明。

表 5-25 实践教学体系基本情况表

实践教学环节名称	课程名称	是否独立设课	实践学时分配		
			上机	实验	其他
课内实验（不单独计算学分）	高级语言程序设计	否	24		
	计算机导论	否	10		
	计算机电路与电子技术基础（1）	否		10	
	算法与数据结构	否		16	
	离散数学	否		10	
	计算机电路与电子技术基础（2）	否		20	
	结构化程序综合设计	否		26	
	面向对象程序设计	否		16	
	数据库系统原理及应用	否		16	
	计算机组成与结构	否		6	
	数据通信与计算机网络	否		10	
	微机原理及接口技术（8086）	否		16	
	可视化编程技术（NET）	否	20		
	数据库开发技术	否	20		
	应用软件开发	否		32	
	操作系统原理及应用	否		10	
	软件工程	否		12	
	编译原理	否	4		
	单片机应用系统综合设计	否		28	
	嵌入式系统原理及应用	否		16	
	移动开发平台与技术	否		12	

（续表）

实践教学环节名称	课程名称	是否独立设课	实践学时分配		
			上机	上机	上机
课内实验（不单独计算学分）	嵌入式系统开发实例	否		22	
	Web 应用程序设计	否		14	
	软件系统架构设计	否		6	
	软件测试技术	否		18	
	软件建模综合设计	否		16	
课程设计（共 8 学分）	电子工艺实习	是			1 周
	高级语言课程设计	是			1 周
	数据结构课程设计	是			1 周
	计算机电路与电子技术课程设计	是			1 周
	数据库应用课程设计	是			2 周
	计算机网络工程实践	是			1 周
	微机原理及接口技术课程设计	是			1 周
综合实践（共 29 学分）	应用设计专周： 　嵌入式系统应用设计（方向 I） 　软件技术应用设计（方向 II）	是			2 周
	工程项目开发	是			6 周
	毕业实习	是			4 周
	毕业设计	是			17 周

（1）课程设计实践教学环节课程设置

本专业本实践环节课程设计主要有：电子工艺实习、高级语言课程设计、计算机电路与电子技术课程设计、数据结构课程设计、微机原理及接口技术课程设计、数据库应用课程设计和计算机网络工程实践，除了电子工艺实习，其余都是有相应理论课程，并且是在相应理论课程开设完成后再开设相应的课程设计。表 5-26 是本实践环节所有课程的教学内容和考核方式汇总表。

表 5-26　课程设计实践教学环节各课程教学内容及考核方法

环节名称	教学内容和教学措施	考核与成绩判定方式（达成度评估方式）
电子工艺实习（1 学分）	课程任务是使学生初步了解电子产品的生产实际；学习基本的电子工艺理论；掌握一定的电子工艺技能；培养学生的工程意识，解决实际问题的能力和素质，以及严谨踏实科学的工作作风。课程内容及课时安排：绪论（实习要求、安全用电等），1 学时；电子元器件的识别与测量，7 学时；THT 和 SMT 焊接技术与电子装焊工艺，8 学时；实习产品原理及装配调试技术，12 学时。	凡无故缺课累计达到该课程学期学时的 1/3 者，不能参加该课程的考核，实习成绩不及格；实习中有严重违反纪律的现象，则实习成绩不及格。因病事假原因缺席某训练项目的实习时，需另找时间按要求完成相应项目取得实习成绩。其中安全、纪律、学分占成绩的 10%，焊接考核、整机装配调试和总结占 90%。
高级语言课程设计（1 学分）	课程设计的题目分为两部分 A 和 B，A 部分属于复习性质的练习题，主要是针对上学期程序设计成绩处于中下的学生，希望通过课程设计使他们从中下层次提高到中上。B 部分含有多个可选的综合题目，主要是针对那些成绩比较好的学生。教师要引导他们选择综合题目。选择 A 组题目，首先是逐个完成基本练习，然后再把它们综合成一个完整的题目，把单个的练习题集成到一个工程中。选择 B 组题目，首先也有两个基本练习题，然后有一个可以选择的综合题目，可以与他人合作或独立有计划地完成。	学生提交设计文档，文档包含需求分析、总体设计、详细设计、运行结果测试和分析、源代码及结论和心得。教师对每个学生进行考查答辩，方式可以是"对程序细节、算法理解提问"或"要求快速修改程序，达到某个效果"。成绩评定：出勤 10%、答辩 30%、报告 60%。
数据结构课程设计（1 学分）	本课程的目的是进一步培养和提高学生的分析问题、设计算法、编码实现的能力，学生可选择列表中至少一题并独立完成：停车场问题、基于链表实现多种排序算法、最小生成树问题、二叉排序树的创建、哈希表、校园导游程序、哈夫曼编码和译码、括号匹配情况、稀疏矩阵的快速转置、0/1 背包问题、图的深度/广度遍历的应用。时间安排：选题、文献检索/0.5 天，数据结构和算法设计/1 天，程序设计/1 天，编程实现/1.5 天，程序调试和成果验收/1 天。	采用单人、单独实际操作进行并提交书面报告，实际操作与答辩相结合。答辩考核内容及分值如下： (1)数据结构与算法设计占 30 分； (2)编程占 20 分； (3)测试与检查占 10 分； (4)设计报告占 20 分； (5)答辩提问占 20 分。 分为优、良、中、及格、不及格共五个等级。 出现以下情况之一的学生，成绩直接评定为不及格：缺席时间超过 2 天（含 2 天），未上交设计报告。

（续表）

环节名称	教学内容和教学措施	考核与成绩判定方式（达成度评估方式）
计算机电路与电子技术课程设计（1 学分）	课程内容：（1）能够根据设计要求完成课题的理论设计，绘出电路图；（2）具有查阅资料和较合理地选用及代换器件的能力；（3）能够应用计算机辅助软件绘制电路原理图及仿真分析；（4）能够编写内容翔实、完整的设计说明书。	采用平时考核约10%、理论设计与仿真约50%、设计说明书约40%相结合的办法评定学生该门课程的成绩。
数据库应用课程设计（2 学分）	数据库应用课程设计的基本要求： （1）能够正确理解个人与团队的关系，理解团队合作的重要性，具备在多学科背景下团队合作的意识和能力，每个团队有项目负责人的角色，承担一定的组织管理能力；（2）按要求进行数据分析、概念结构设计、逻辑结构设计和代码设计；（3）准备测试数据对结果进行测试并分析结果；（4）通过课程设计，使学生掌握数据库应用系统的设计方法，熟悉数据分析和设计方法，并撰写报告和设计文稿；（5）能够在答辩中陈述发言，清晰表达或回应指令。 时间安排：集中学习、分组/0.5 天，资料查阅与学习，讨论/1 天，数据库分析和设计/3.5 天，程序代码设计/3.5 天，程序调试和成果验收/1.5 天。	1. 考核方法 逐个说明自己在团队中承担的任务、合作情况，并演示设计成果进行答辩，并结合考查其个人提交的书面设计报告的形式进行考核。 2. 评分标准（总分 100 分）： （1）团队合作/项目负责人情况：20 分； （2）概念结构设计：10 分； （3）逻辑结构设计：10 分； （4）编码：10 分； （5）课程报告文稿质量/答辩：40 分； （6）设计期间考勤及表现：10 分。
计算机网络工程实践（1 学分）	本课程设计的主要任务如下： 1. 通过制作合格的五类双绞线 UTP 直通缆线和交叉缆线，熟悉以太网 ETA/TIA 568B/568A 布线标准； 2. 通过设计、部署和配置一个具有多个分部的企业网站，掌握在 Windows 环境下，采用虚拟主机的方式配置基本的网络服务的方法； 3. 在构建的网络服务环境下，通过合理设置客户端 Wireshark 的捕获条件，捕获各类数据报文流，进行相关分析，理解 TCP/IP 网络中的协议封装形式，掌握 DNS、HTTP 和 FTP 等协议的工作原理。	1. 考核方法 （1）实验项目单人进行实际操作； （2）对每位学生进行单人答辩，实际操作与答辩相结合； （3）每人提交一份课程设计报告。 2. 评分标准： 按优、良、中、及格、不及格五级制评定成绩，量化标准按有关规定执行。成绩构成比例如下： （1）按照 EIA/TIA568B 布线标准制作以太网双绞线：15%（现场单人考核）；（2）企业网站设计、网络服务器的安装与配置：35%（现场单人考核）；（3）使用工具软件进行网络侦听，捕获相关数据包进行协议分析：20%（现场单人考核）；（4）课程设计报告：30%。

（续表）

环节名称	教学内容和教学措施	考核与成绩判定方式 （达成度评估方式）
微机原理及接口技术课程设计 （1学分）	课程的任务：选择合适的设计题目，题目能综合课程所学的各方面知识，让学生进行设计与调试，并提交设计报告。通过指导学生完成课程设计规定或自选任务，提高学生查阅文献的能力，使学生能将所学的基础理论运用到实际设计中。学生可以以小组的方式开展设计，锻炼分工协作、进行项目管理的能力。 1.课程基本内容 本课程设计既要立足实验室现有条件，充分挖掘潜力，又要达到综合运用所学，培养和提高学生的分析问题和解决问题的能力的设计目的。可以参考下列题目：数字时钟、多功能程序的设计、温度采集显示系统、简易电子琴的设计等。 2.学时安排 （1）布置设计任务，明确设计要求，0.5天； （2）复习有关内容、查找资料，进行总体方案设计，0.5天； （3）软件框图设计、程序编写，1天； （4）软件调试，2天； （5）答辩、编写课程设计报告，1天。	1.考核方式：按设计要求进行答辩考核，总成绩由平时成绩、答辩成绩、设计报告三部分组成，其中：平时成绩为20%、答辩成绩50%、设计报告成绩为30%。 （1）平时成绩评分标准：缺勤一次扣2分，迟到早退1次扣1分，扣完为止； （2）答辩成绩评分标准如下：各组成员汇报占10分，设计内容阐述占20分，提问占10分； （3）设计报告成绩评分标准：图文工整、规范、文字流畅占5分； （4）设计内容完、正确、有结论、有分析占20分； （5）设计考虑新技术、新方法占5分。 2.成绩评定标准：分为优、良、中、及格、不及格共五个等级。出现以下情况之一的学生，成绩直接评定为不及格：缺席时间1天及以上，未上交设计报告。

　　根据教学大纲的要求，学生在任课教师的指导下，运用某一门或者几门的课程知识去解决实际工程实践问题。课程设计通常会根据学生人数的不同安排2～4名任课教师指导学生开展课程设计。任课教师需提前按要求撰写课程设计任务书，安排好课程实践内容、实践时间和分组选题等，实践内容工作量适当，难度合理，要体现一定复杂性工程问题，并符合课程教学大纲的要求，支持实践课程的目标要求。

　　（2）课程设计实践教学环节课程设置合理性分析

　　课程设计通常是1～2周不等，在课程设计期间，不再给学生安排其他课程，学生专心完成课程设计任务。课程设计都是在一些专业主干课程开设之后设置的实践性课程，目标是为进一步提升学生专业基础或工程基础以及工程实践能力，培养学生分析问题、解决问题的能力，提高实践动手能力。

应用设计专周是在所有专业方向理论课程结束之后，针对不同方向开设的一个综合性实践专周，是对工程基础课程、专业基础课程以及各专业方向的四门专业方向选修课的一个综合应用。其中嵌入式开发方向为嵌入式系统应用设计，软件开发方向为软件技术应用设计。每个学生必须利用所学过的所有知识和技术完成一个完整的、具有一定复杂性的计算机应用系统的设计，并以此作为学生解决复杂工程问题的案例实践来源。表 5-27 是两个专业方向的应用系统设计专周的具体内容、教学措施以及考核要求。

表 5-27　应用系统设计专周教学内容及评价方法

环节名称	教学内容和教学措施	考核与成绩判定方式（达成度评估方式）
嵌入式系统应用设计（方向I）（2 学分）	课程设计题目可选择一个嵌入式应用系统实例设计实例，包含数字量和模拟量的输入检测、数据处理、输出控制、通信、用户界面设计等功能，综合性较强，能反映嵌入式技术的应用。因材施教，设计任务既要考虑大部分学生的知识水平，又要有可拓展部分，任务内容包含基本内容和提高部分，以充分激发学生的积极性和创新性。学生以团队为基础，应根据指导教师提供的设计题目完成总体设计和详细设计，记录调试过程，并对实验结果进行分析，撰写课程设计报告，参加课程设计答辩等环节。1. 布置设计任务，明确设计要求，0.5 天；2. 查找资料，总体方案设计，1 天；3. 硬件电路设计、软件框图设计，1 天；4. 硬件、软件调试，6 天；5. 答辩、编写课程设计报告，1.5 天。	1. 考核方法：（1）实验项目单人进行实际操作；（2）对每位学生进行单人答辩，实际操作与答辩相结合；（3）每人提交一份实验报告。2. 评分标准：按优、良、中、及格、不及格五级制评定成绩，量化标准按有关规定执行。成绩的构成比例如下，其中前三项要求现场单人考核（1）基于 ARM 平台的实验基本操作，10%；（2）基于 ARM 平台的定时器驱动、A/D 转换驱动、GPIO 驱动，40%；（3）网络通信，20%；（4）课程设计报告 30%。
软件技术应用设计（方向II）（2 学分）	本课程中在学习并掌握了一些必需的知识和技能的基础上，以团队为基础，进行各种构建软件系统的训练，帮助学生进一步理解和掌握构建软件系统所需的方法、技术和工具。课程内容和学时安排：第一阶段（1 周）1. 组建团队，安排团队中的角色；2. 根据项目实际需要，选择合适的构建软件系	考核内容及评分采用多项综合评定方法，具体内容及所占比例如下表，成绩评定分为五等：优、良、中、及格、不及格。考勤、纪律、学风 20%，需求分析 20%，系统设计 15%，编程实现 20%，文档写作 15%，专周实习报告 10%。

（续表）

环节名称	教学内容和教学措施	考核与成绩判定方式（达成度评估方式）
软件技术应用设计（方向II）（2学分）	统方法、技术和工具； 3. 编写项目计划，制订项目进度计划； 4. 结合实际情况，捕获系统需求，分析系统需求，按照分析的结果进行软件系统的设计； 5. 编写相关的文档； 第二阶段（1周） 1. 根据分析与设计的结果编写程序代码； 2. 及时调整和修正项目进度计划； 3. 对编写的程序代码进行测试； 4. 编写相关文档； 5. 编写项目总结和实践总结。	

5.14 江苏科技大学电子信息工程

工程实践教学是电子信息工程专业整个教学过程中的一个重要环节，是巩固理论知识的有效途径，是理论联系实际、培养学生掌握科学方法和提高动手能力的重要平台，通过合理的实践教学环节设置能够培养具有创新意识的高素质工程技术人才。

本专业设置了分层次、多形式相结合的实践教学体系，主要包括课内实验、独立授课实验、课程设计、实习、实训等多种形式，以及演示性、验证性、综合性、设计/研究性等类型。

本专业实践教学环节（含课内实验环节）的学分为42.75学分（占总学分24.2%），大于总学分的20%，达到了通用标准3和补充标准1.2的要求。

（1）课程设计

为了巩固理论教学成果，增强学生的专业基础实践能力，本专业共在设置了7门课程设计环节。

（2）每个学生必须完成的企业学习经历

为达成培养目标和毕业要求，培养方案要求本专业的每个学生必须到校外企业参加生产实习。通过到工厂、公司等用人单位参观生产过程，了解研发流程，提高学生理论联系实际的能力和工程实践能力。

（3）以团队形式完成的实践教学活动

本专业的《生产实习》《电子信息系统设计》和《信息获取与检测综合实训》等实践课程均要求学生分组完成，在实践项目设计过程中，学生根据任务分解，完成实践项目要求内容，并对实验结果进行分析整理。课程结束后，对小组实验情况、实验报告进行整体评价，将个人表现与团队考核相结合，给出每个人实验成绩。通过团队形式完成实践教学活动，提升了学生的团队合作能力。

（4）选课措施

本专业工程实践与毕业设计（论文）环节共计 42.75 学分，其中，必修 40.75 学分，选修 2 学分，为第二课堂的创新研究类，包括自主科研训练、开放选修实验、省级计算机等级考试等学校认可的其他创新研究活动。创新活动研究的 2 学分要求至少参加 1 个创新创业训练项目或创新性开放选修实验或者宿舍实验室训练等。因此，培养方案的限定可以确保本专业学生修满全部的工程实践与毕业设计（见表 5-28～表 5-20）。

表 5-28 工程实践类与毕业设计课程及学分设置情况

课程类别	课程名称	时间/学时	学分	安排学期
单独开设的实验/ 实践课程 （必修）	工程基础训练（金工）	1 周	1.0	2
	计算机程序设计实践（VC++）	1 周	1.0	3
	物理实验 1	16	1.0	2
	物理实验 2	24	1.5	3
	电路实验	24	1.5	3
	数字电子技术实验	32	2.0	3
	模拟电子技术实验	32	2.0	4
	电子电路课程设计	1 周	1.0	4
	电子工艺实践	1 周	1.0	4
	微机原理与接口技术课程设计	1 周	1.0	5
	FPGA 系统设计	2 周	2.0	5
	通信电子电路实验	16	1.0	5
	通信系统课程设计	2 周	2.0	7
	Circuit Design Training	2 周	2.0	6

（续表）

课程类别	课程名称	时间/学时	学分	安排学期
单独开设的实验/实践课程（必修）	信息获取与检测综合实训	1 周	1.0	6
	电子信息系统设计	2 周	2.0	7
	生产实习	1 周	1.0	7
	专业写作与表达	1 周	1.0	8
	毕业设计	15 周	13.0	8
课内实验/实践（必修）	信号与系统	8	0.5	4
	微机原理与接口技术	8	0.5	5
	电磁场理论	4	0.25	5
	数字信号处理	6	0.375	5
	信息获取与检测	12	0.75	5
	信息理论基础	6	0.375	6
第二课堂	创新研究类（自主科研训练、开放选修实验、省级计算机等级考试等学校认可的其他创新研究活动）	/	2	/

表 5-29 电子信息工程专业实践（部分）体系对毕业要求的支撑

实践环节名称	内容要求与教学方式	学分要求	考核与成绩判定方式	对应支撑的毕业要求指标点
电子工艺实践	内容要求： 实验项目一：电子产品研发、生产流程讲座及实习任务布置。 教学内容： 1. 电子产品研发流程； 2. 电子线路的设计方法； 3. 电子产品生产焊接、装配的基本流程； 4. 实习任务布置。 实验项目二：电子产品原理图设计实践。 教学内容： 1. Protel 环境下电子线路原理图的设计。	1	依据学生实施效果、电路图，及实物验收、实验报告等情况对每个实验进行单独考核，并按评分标准打分。实验考核不及格允许重做。所有实验成绩平均后形成实验课程考核成绩，计入课程总成绩。	毕业要求指标点： 1-3 5-1 6-2 8-3

（续表）

实践环节名称	内容要求与教学方式	学分要求	考核与成绩判定方式	对应支撑的毕业要求指标点
电子工艺实践	2. Protel 环境下原理图中元件的设计。 实验项目三：电子产品 PCB 设计实践。 教学内容： 1. Protel 环境下电子线路 PCB 图的设计； 2. Protel 环境下 PCB 图中元件封装库的设计。 实验项目四：电子线路的装配调试。 教学内容： 1. 掌握直插元件和贴片元件识别； 2. 掌握 SMT 生产线常用设备的使用； 3. 掌握电子产品手工焊接的基本要求。 教学方式：讲授+面授+示教+实训。			

表 5-30　学生以团队形式完成的教学活动

活动名称	内容要求与教学方式	学分要求	考核与成绩判定方式
电子信息系统设计	内容要求： 实践项目 1：任务布置、选题与需求分析 1.电子信息系统设计任务布置； 2.分组选题。 （1）选题原则 ①鼓励学生自主选题，充分发挥学生的自主学习意识； ②在充分注意满足教学要求和对学生技能训练的前提下，尽可能结合实际工程项目、课堂教学案例或企业案例等进行选题； ③选题难易程度要适当，并以项目的形式制定研究方案，能在规定时间内完成。 （2）参考选题：可自行拟定题目，也可从参考选题中选择。 ①参考选题 1：环境温湿度监测系统	2	1. 能够流畅地汇报电子信息系统设计成果，能正确回答教师提出的设计问题； 2.学会撰写设计报告。（含需求分

（续表）

活动名称	内容要求与教学方式	学分要求	考核与成绩判定方式
电子信息系统设计	要求实时采集环境温室度数据，并在本地实时显示，同时利用以太网、CAN 总线或者串口上传到 PC 机显示并存储。 ②参考选题 2：PM2.5 监测系统 要求实时采集空气中 PM2.5 浓度，并在本地实时显示，同时能上传到 PC 机保存并显示变化曲线。 ③参考选题 3：嵌入式指纹识别系统 要求实现本地或远程指纹识别，并在本地显示识别结果，监控中心记录识别结果。 ④参考选题 4：超声波测距仪 利用超声波实现短距离无线测距，要求解决对准问题。 ⑤参考选题 5：语音识别系统 根据普通话语音输入，识别并显示汉字。 ⑥参考选题 6：信号发生系统 设计能产生频率、幅度可调的正弦信号发生器。 实践项目 2：系统总体设计 1. 开题； 2. 电子信息系统总体结构设计，划分各功能模块；理解开题的目的意义，学会查阅资料，学会撰写开题报告；学会划分系统软硬件功能模块，理解各模块之间的逻辑关系。 实践项目 3：系统硬件设计 1. 主要器件选型； 2. 各硬件模块电路设计； 3. 搭建电子信息系统硬件平台（建议基于开发板进行二次开发），能使用一种电路原理图设计软件（如 Protel、Altium Designer 等），完成相关接口电路设计。 实践项目 4：系统软件设计 1. 设计软件工作流程； 2. 程序编写与调试，包括主程序、各软件模块子程序等，掌握一种软件集成开发平台（如 MDK-ARM、IAR 等）的使用方法。 实践项目 5：系统软硬件联调与测试 1. 将所设计软件下载到所设计电子信息系统硬件平台上进行调试；		析、设计流程、分工说明、原理图、源程序清单、设计结果及分析、参考文献、设计心得等）。 3. 依据学生开题报告、验收和设计报告综合打分。在分组选题后，依据学生开题报告（20%）、验收（40%）和设计报告（40%）进行整体评价，结合个人表现，给出每个人实验成绩。

活动名称	内容要求与教学方式	学分要求	考核与成绩判定方式
电子信息系统设计	2. 分析调试结果，并修改软硬件设计； 3. 系统功能测试与分析，掌握软硬件联调方法；会分析调试结果；理解测试方法，会分析测试结果。 教学方式： 讲授与演示相结合，学生自主搭建实验平台，完成实验内容，进行实验结果总结与分析。		
信息获取与检测综合实训	内容要求： 应用 myDAQ 数据采集卡和 LabVIEW 软件实现一个音频采集与处理系统，采用 LabVIEW 控制 myDAQ 完成信号采集、分析处理以及信号输出： 1. 运用 myDAQ 实现音频信号的采集，要求可对采样频率（Hz）、采样时间（Second）进行设置； 2. 在 LabVIEW 中进行简单的数字音效均衡处理，能对高频、中频、低频三段频率的信号分别进行调节； 3. 将处理后的音频信号运用 myDAQ 输出。 教学方式： 讲授与演示相结合，学生自主搭建设计系统，现场考核上机程序调试，需要提供综合实训报告一份。	1	本实训实行分组考核（2～3 人一组），由上机调试考核（60%）和综合实训报告（40%）两部分组成，在分组完成实践项目后，进行整体验收和评价，结合个人表现，给出每个人实验成绩。
生产实习	内容要求： 1. 进行入场教育、安全教育，对企业生产流程、生产工艺、企业生产法律法规等进行介绍； 2. 参观造船厂或其他船舶工业厂家，熟悉船舶电站、电力系统、通信设备、雷达导航设备、水声处理系统在船舶工业中的应用，了解该领域先进技术发展，体会环境保护与企业生产之间的利益关系； 3. 或者参观电子信息类企业，对电子电路、信号处理、通信、水声等技术的应用有感性认识，了解电子信息领域的前沿技术，体会环境保护与企业生产之间的利益关系； 4. 与企业工程师沟通、交流；	1 周 1 学分	课程考核由实践报告考核组成。实践报告需要从开课教育、参观学习总结两个方面加以规定，教师根据实践报告质量综合评分。在考核过程中，对实验报告进行整体评价，结合个人表现，注意学生的个体差异，给出每个人实验成绩。其中开课教

（续表）

活动名称	内容要求与教学方式	学分要求	考核与成绩判定方式
生产实习	5. 职业道德规范，增强社会责任感。 教学方式：本课程强调理论与实践相结合，通过入场教育、分组参观学习、与企业家或企业工程师等交流环节，使得学生对电子技术在相关领域中的发展水平和应用有相应的实践认识。		育部分进行分组研讨并汇报考核。开课教育和参观学习两部分成绩中，任何一个低于60分，本课程视为不及格。

5.15 南京信息工程大学测控技术与仪器

实践教学能培养学生独立组织、完成实验的能力及严肃认真的工作作风和实事求是的科学态度，遵循工程的集成与创新特征，以强化工程实践能力、工程设计能力与工程创新能力为核心，从而为毕业后从事科学研究和解决工程实际问题打好基础。

基础实践环节主要由课内实验和课程设计两个模块构成，强调将理论与实际的联系以及应用工程科学基本原理分析、解决实际问题的能力；综合设计环节对应集中实践教学模块和实习模块，主要培养学生解决工程问题的方案设计、现代仪器和工具软件的应用能力，以及工程素养、创新意识、职业规范、法律意识等非技术能力；研究创新环节主要包括毕业设计和创新创业训练，培养学生综合能力（见图5-5）。

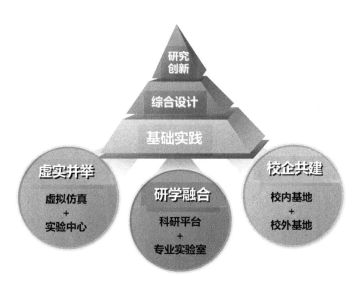

图 5-5　本专业实践教学体系

学生选课规定，控制学生选择此类课程以达成毕业要求的办法。

学校制定了一系列实践教学管理规定，如《南京信息工程大学实验教学考核与成绩评定有关规定》《南京信息工程大学实验教学规范》《南京信息工程大学实验教学质量检查细则》《南京信息工程大学本科生生产（毕业）实习管理办法》《南京信息工程大学实践教学安全管理办法》《南京信息工程大学实习教学安全管理办法》《南京信息工程大学实验教学管理办法》等，确保学生安全、有序地进行各类实验实践活动，保障相关毕业要求达成。

（一）课程设计

本专业开设的独立实验课程包括"智能仪器课程设计""电子技术综合设计Ⅱ"，具体的课程目标及所支撑的毕业要求和考核方式如表 5-31 所示。

表 5-31　本专业开设的独立实验课程列表

课程名称	课程目标与教学方式	学分要求	考核与成绩判定方式	支撑的毕业要求
智能仪器课程设计	目标 1：加强基础性实验环节的教学工作，通过智能仪器实例设计掌握智能仪器工作原理、设计原则、设计流程，掌握智能仪器设计常用的仿真软件，电路设计、绘制软件，软件工具和调试方法；	2	以上机作业和实验报告（6 次）为考核依据	3-3 4-4 5-3

（续表）

课程名称	课程目标与教学方式	学分要求	考核与成绩判定方式	支撑的毕业要求
智能仪器课程设计	目标2：要求学生实际操作完成智能仪器软、硬件设计，包括前端信号调理电路，主机电路、人机对话模块、输出模块、通信模块的设计，使学生掌握元器件的选择方法，熟练阅读常用电子元件的英文文献，掌握智能仪器设计中的基本数据处理方法，掌握智能仪器设计中软件设计方法等，掌握智能仪器设计中的硬件和软件抗干扰方法； 目标3：掌握智能仪器设计的完整流程，能够完成一个基本智能仪器的设计和文档撰写； 目标4：培养学生协作能力。			
电子技术综合设计II	目标1：理解电子技术中相关电路、元器件的功能、工作原理及使用方法；理解相关模拟电路、数字电路的分析方法和设计方法；理解相关电子系统的设计与调试方法；了解学术报告的撰写方法和学术文献的检索方法。 目标2：掌握汽车尾灯控制电路（课题1）或基于热敏电阻的温度检测及报警电路（课题2）开发全周期、全流程的基本设计/开发方法和技术，了解影响设计目标和技术方案的各种因素；能够针对汽车尾灯控制电路（课题1）或基于热敏电阻的温度检测及报警电路（课题2）系统需求，完成单元（部件）的设计；能够在设计中体现创新意识；能够独立或合作进行系统的设计、制作与调试工作，并通过功能测试及面试答辩取得成绩。 目标3：拥有求真务实、学术诚信的科学精神。 教学方式：教授、演示、指导、讨论。	2	由平时表现10%+功能测试40%+课程报告30%+答辩20%这四个部分构成得到个人最终成绩。	3-3 4-2 12-1 12-2

（二）集中实践环节

每个学生必须完成的课程设计包括"单片机及其应用实践""PLC及其应用实践""Matlab训练""电路设计软件训练"等必修课程及"嵌入式系统课程设计""无线传感网络课程设计""程序设计素质拓展"等选修课程。"单片机及其应用实践""PLC及其应用实践"课程以竞赛为引领，通过知识传授与实际操作的密切结合，旨在培养学生利用单片机解决智能车控制、利用PLC解决智能制造等复杂工程问题过程中所需的专业设计能力、团队协作能力；启发其正确的专业志向，以及求真务实、切问近思的科学精神。通过课程的学习与实践，为学生参加测控技术领域各类学科竞赛奠定坚实基础。"电路设计软件训练"以理论教学、单元实验和整体项目为教学手段，使学生理解电路板设计的全过程，培养学生动手实践能力，激发学生创新创业意识。"嵌入式系统课程设计"使学生能够理解嵌入式系统基本概念、嵌入式系统的基本结构、指令系统、片上外设及接口，嵌入式系统的硬件设计与软件编程方法等，使学生具备利用嵌入式 ARM 处理器，解决检测技术、数据采集、传感器应用、自动控制、物联网应用等领域工程问题所需的专业能力。

培养学生团队协作能力，启发其正确的专业志向，以及求真务实、切问近思的科学精神。通过课程的学习与实践，为学生参加测控技术领域应用和学科竞赛奠定坚实基础，支撑"复杂工程问题"和"非技术因素"能力要素培养。

集中实践环节的内容、工作量、学分要求和考核评定办法以及支撑毕业要求如表 5-32 所示。

表 5-32　部分集中实践环节情况列表

课程名称	课程目标与教学方式	学分要求	考核与成绩判定方式	支撑的指标点
单片机及其应用实践	目标 1：熟悉单片机内部架构，熟悉其主要外设的寄存器基本操作；熟悉 CodeWarrior 软件的使用，并能利用其进行简单的 C 程序开发方法；熟悉电磁组智能车所需的外围简易电子线路及其与单片机的接口关系；熟悉电磁组智能车控制系统的构成与调试方法。 目标 2：熟悉基于单片机的电磁智能车开发全周期、全流程的基本设计/开发方法和技术，并了解影响设计目标和技术方案的各种因素；能够针对电磁智能车控制系统需求，完成检测电路的设计与制作；能够设计电磁智能车控制系统的 PCB 主板，并在设计中体现一定的创新意识；能够在电磁智能车竞赛小组中独立或合作开展智能车的设计、制作与调试工作，并通过课程竞赛取得成绩；能够通过小组协作，完成课程总报告。	3	实际操作20%+方案设计报告12.5%+课程实验20%+课程竞赛35%+课程总报告12.5%	3-2 3-3 9-1

（续表）

课程名称	课程目标与教学方式	学分要求	考核与成绩判定方式	支撑的指标点
单片机及其应用实践	目标3：具有正确的学术志向、学术诚信；拥有求真务实、切问近思等科学精神。 教学方式：讲授、案例、实验、专题研讨、竞赛式教学。			
PLC 及其应用实践	目标1：熟悉 PLC 工作原理与系统特性，掌握其主要软继电器基本操作；熟悉 S7 程序结构与程序设计方法；熟悉 STEP7 Professional 软件的使用，并掌握利用其进行梯形图控制程序的开发方法；熟悉 WINCC Advanced 软件的使用，并掌握利用其进行实时监控程序的开发方法；熟悉电梯运动模型、乘客行为模型以及所需的控制系统硬件配置，掌握电梯控制程序设计与调试方法。 目标2：掌握集群电梯控制系统开发全周期、全流程的基本设计/开发方法和技术，了解影响设计目标和技术方案的各种因素；能够针对集群电梯控制系统需求，了解采用专业常用软件模拟完成集群电梯控制的使用原理和方法，并理解其局限性；能够在智能制造工程设计与应用赛（离散行业自动化方向）中独立或合作开展集群电梯的控制设计与调试工作，并通过课程竞赛取得成绩。 目标3：具有正确的学术志向、学术诚信；拥有求真务实、切问近思等科学精神。 教学方式：讲授、案例、实验、专题研讨、竞赛式教学。	3	实际操作10%+方案设计报告17.5%+课程实验25%+课程竞赛30%+课程总报告12.5%	3-1 5-1 9-1
电路设计软件训练	目标1：理解电路板（PCB）设计的工作流程和 PCB 加工工艺；理解 Altium Designer（AD）软件环境设置方法；理解 AD 软件原理图文件绘制方法；理解 AD 软件集成原理图库的绘制方法；理解 PCB 电路板的绘制方法，以及 PCB 集成元件库的绘制方法，理解 PCB 布局和布线方法。 目标2：能够完成电路板原理图及集成原理图库的设计；够完成电路板封装库文件设计，能够设计布局合理、布线规范的电路板，并考虑必要的抗干扰技术与美学要求。 目标3：能够将自己的电路设计，以报告的形式，正确地表达出来，并回答设计中存在的问题等。 教学方式：讲授、案例、练习、设计。	1	实验/操作20%+电路设计50%+课程报告30%	5-2 5-3 10-1

（续表）

课程名称	课程目标与教学方式	学分要求	考核与成绩判定方式	支撑的指标点
嵌入式系统课程设计	目标 1：理解基于 ARM 的嵌入式微处理器的硬件特点、基本结构、片上外设、通信接口、指令系统等；理解 ARM 的开发工具 MDK 的应用方法，理解工程构建、环境设置、软件编程、调试、下载等基本操作，理解嵌入式 C 语言编程，理解 MDK 下固件库的特点与构成；了解嵌入式操作系统 uC/OS（FreeRTOS）、Linux；理解 ARM 控制器与各种模块的接口方法，包括传感器、LCD、通信模块，隔离模块、驱动模块等；理解输入输出控制系统设计，能够自学遇到的新硬件、软件和传感器应用等相关专业知识，解决遇到的其他难题。 目标 2：能够设计基于 ARM 微控制器的嵌入式数据采集和测控系统，并构建实验方案；能够完成嵌入式软件设计，完成构建的数据采集或测控系统；能够在完成过中独立或合作开展基于嵌入式处理器的数据采集和监控或测控系统的设计、制作与调试工作。 目标 3：能够完成过程中，自己或合作完成，独立思考、勤奋努力，不抄袭别人资料。能够结合课程设计，自学遇到的新硬件、软件和传感器应用等相关专业知识，解决遇到的其他难题；能够通过总结报告和答辩、验收过程，正确、清晰地表达自己完成的工作。 教学方式：讲授、案例，练习、设计。	3	方案设计 20%+设计过程 50%+验收答辩 20%+设计报告 10%	3-1 4-2 12-1

参与各课程设计的学生能够综合运用所学基础、专业知识、原理、方法和技能，较好地完成各项设计任务，具备了分析、解决相关问题的基本能力。

5.16 扬州大学交通工程

本专业高度重视实践教学在人才培养中的重要作用，为培养专业基础扎实、应用能力突出、综合素质全面的专业人才，在总结长期以来实践教学经验的基础上，分层次开展了各种形式的实践教学活动。在现行的培养计划中，实践教学环节的总学分为 53，占毕业总学分（170 学分）的 31.17%，满足通用标准"工程实践与毕业设计（论文）（至少占总学分的 20%）"的要求，具体如表 5-33 所示。

表 5-33　专业实践教学体系一览表

环节名称	内容要求与教学方式	学分/周数	考核与成绩判定方式
大学计算机及程序设计Ⅱ	内容要求： 顺序结构程序设计、分支结构程序设计、循环结构程序设计、函数和子例行程序程序设计、数组操作、字符型处理程序设计、派生类型和指针程序设计、综合程序设计。 教学方式：采取学生单人分组实验，教师现场指导的教学方式。	0.5/2	考勤：参加实验并积极实验（30%）； 实验报告：完成 8 次实验报告（40%）； 上机考试：单独组织上机考试（30%）。
大学物理Ⅰ实验	内容要求： 1. 能够完成预习，进行实验和撰写报告等主要实验程序； 2. 能够调整常用实验装置，并基本掌握常用的操作技术； 3. 了解物理实验中常用的实验方法和测量方法； 4. 能够进行常用物理量的一般测量； 5. 了解常用仪器的性能，并学会使用方法； 6. 了解测量误差的基本知识，具有正确处理数据的初步能力。 教学方式：课堂讲授、演示讲解、现场指导、实践操作。	1.5/3	1. 预习：看、想、查、写的预习过程（20%）； 2. 操作：讨论、操作规范和操作流程，独立（有必要时协作）完成实验（25%）； 3. 报告：条理清楚、结果合理、讨论有新意（25%）； 4. 考查：内容设计合理、研究有创新、格式规范（30%）。
军事训练	内容要求： 1. 共同条令条例教育与训练； 2. 军事地形学； 3. 战术； 4. 综合训练。 教学方式：聘请部队帮训教官，校内集中组织的方式实施。	2/2	学院和承训教官共同评定；成绩评定：优、良、中、及格、不及格。

（续表）

环节名称	内容要求与教学方式	学分/周数	考核与成绩判定方式
电工与电子技术Ⅱ	内容要求： 1.电子技术认识实验（基本仪器使用）； 2.基本门电路的逻辑功能； 3.三相交流电路电压电流的测量； 4.全加器实验。 教学方式：分组实验，教师现场指导的教学方式。	0.25/3.5	出勤率、实验操作过程正确并无实验仪器或实验器件损坏、实验数据正确、实验报告的完整和实验结果分析。
工程力学Ⅰ-Ⅱ	内容要求： 金属材料的拉伸、压缩实验，梁的纯弯曲正应力测定实验，弯扭组合变形的主应力测定实验，压杆稳定实验。 教学方式：分组实验，教师现场指导的教学方式。	0.25/3	1.实验操作：按操作的规范性（30%）； 2.参与度：按学生参与实验操作的程度（20%）； 3.实验报告：按实验报告的质量、实验数据的分析等（50%）。
交通工程材料	内容要求、砂石材料实验、石油沥青实验、沥青混合料实验、水泥实验、普通水泥混凝土实验。 教学方式：分组实验，教师现场指导的教学方式。	0.375/3	1.出勤率：按实验室运行记录登记表记取（30%）； 2.实验操作：由实验指导教师根据学生参与程度评定（40%）； 3.实验报告：由实验指导教师根据实验报告质量评定（30%）。
道路工程施工与管理	内容要求： 饮羽造价软件的应用：（1）掌握公路造价软件的使用方法，初步掌握计算数据确定与输入方法，学会计算建安费的方法；（2）掌握购置费与工程建设其他费的组成部分与计算方法，掌握工程造价计算方法与造价文件的形成。 教学方式：采取学生单人分组实验，教师现场指导的教学方式。	0.125/2	最终造价文件电子版：课程内实践成绩作为课程平时成绩的组成部分，占课程平时成绩的权重为20%。
大学生创业就业指导	内容要求：1.掌握职业生涯规划规划的步骤与方法、职业生涯规划书的撰写； 2.掌握创业环境分析的方法、创业机会识别、创业计划书的撰写； 3.掌握简历撰写的要求、求职礼仪和求职权益保障、全真面试实训。	2/2	课程成绩=网络学习×40%+考试×30%+作业×15%+辅导实训活动×15%。 1.网络学习=网络自学时间/网络应学时间40/100。 2.考试：学生根据网络课堂内容在规定时间内进行网络考试。每学期考一次。

（续表）

环节名称	内容要求与教学方式	学分/周数	考核与成绩判定方式
大学生创业就业指导	教学方式：网络课堂讲授、典型案例分析、情景模拟训练、小组讨论、角色扮演、社会调查、实习见习等方法。		3.作业：要求学生交三份作业，一份职业生涯规划书，一份商业计划书和一份求职简历。
专业科创指导和训练	内容要求： 1.创新思维方法、创新传承与工程示例； 2.大学生创新创业训练计划； 3.大学生创新创业训练计划的实践。 教学方式：网络课堂讲授、典型案例分析、情景模拟训练、小组讨论、角色扮演、社会调查、实习见习等方法。	1/2	1.学生出勤（30%）：课堂点名考核； 2.研讨、实训（30%）：大学生创新创业训练计划撰写； 3.期末考核（40%）：论文（大学生创新创业训练计划书）。
专业创新精神与实践	内容要求：创新与创新思维基础、专业创新训练项目简介、专业创新训练项目实践训练。 教学方式：网络课堂讲授、典型案例分析、情景模拟训练、小组讨论、角色扮演、社会调查、实习见习等方法。	1/2	1.学生出勤（30%）：课堂点名考核； 2.研讨、实训（30%）：大学生创新创业训练计划撰写； 3.期末考核（40%）：论文（大学生创新创业训练计划书）。
测量实习	内容要求： 1.实习准备（动员、任务布置、仪器设备的借领与检查）； 2.控制测量（控制点布设、外业观测、内业平差计算）； 3.地形图测绘（碎部测量、整饰、检查、修整）； 4.放样测量（建筑物设计、测设数据计算、现场放样）； 5.资料整理、实习报告编写、总结交流。 教学方式：分组实验，教师现场指导的教学方式。	2/2	1.出勤考核：缺勤1次扣5%，缺勤5次及以上全扣（25%）； 2.地形图：根据地形图质量酌情评价（25%）； 3.操作或书面考核：根据考核得分评价（25%）； 4.实习报告：根据报告内容、是否自己完成及规范整洁情况等酌情评价（25%）。
综合运输认识实习	内容要求： 1.根据认识实习要求，参观考察同类已建或在建道路、交通枢纽的实际情况； 2.根据认识实习要求、参观考察特色交通工程（BRT、轨道交通）的实际情况；	1/1	1.平时表现：实习出勤、实习预习、实习态度、教师提问、团队协作等方面（30%）； 2.实习日志：及时、全面记录实习内容、实习过程；书写格式正确（30%）； 3.实习考核题：回答相关基本

（续表）

环节名称	内容要求与教学方式	学分/周数	考核与成绩判定方式
综合运输认识实习	3. 了解相关工程专业术语、规范、标准等法规文件的使用情况。 教学方式：课堂讲授、现场指导。		概念（10%）； 4. 实习报告：全面总结实习内容、实习过程、表述实习心得等内容；实习报告书写格式正确（30%）。
道路勘测设计课程设计	内容要求： 确定道路类型和等级，进行纸上选线。进行路段平面线形设计，选定曲线半径，计算平曲线的几何要素和各主点桩号，生成直线、曲线及转角表，绘制路线平面设计图。进行路段纵坡和竖曲线设计，计算设计高程及填挖高度，绘制路线纵断面图。进行横断面设计，计算路线的超高、加宽等值，完成路基设计表，绘制路基标准横断面图。绘制路基施工横断面图，计算路基土石方体积，完成路基土石方工程数量及调配表，编写路线设计计算书。 教学方式：分组实验，教师现场指导的教学方式。	1/1	1. 课程考核：采用平时考核和期末闭卷笔试考核相结合的方法； 2. 平时考核：包括习题作业评定成绩、随堂测验、回答问题、出勤率、学习态度、专题研究及小组学习表现、期中考试成绩等。其中，习题作业评定成绩不少于 5 次，随堂测验和回答问题均不少于 1 次； 3. 成绩评定：期末考试（50%）+平时考核(50%)。
交通工程实习	内容要求： 结合实习内容、调查相关研究领域的实际情况；了解研究对象的现状特点、主要问题、分析步骤、搜集资料；掌握研究方案的确定、研究方法和调查设备的选择、分析软件与工具的选择，对调查数据进行分析；熟悉相关规范、标准等法规文件的使用。 教学方式：现场观摩、讲授、指导。	1/1	1. 平时表现（20%）：实习出勤、实习预习、实习态度、教师提问、团队协作等方面； 2. 实习日志（20%）：及时、全面记录实习内容，实习过程，书写格式正确； 3. 实习报告（30%）：全面总结实习内容、实习过程、表述实习心得等内容，实习报告书写格式正确； 4. 成果汇报（30%）：调查数据完整、结论正确、PPT 课件、汇报综合表现等。
路基路面工程课程设计	内容要求： 设计任务下达、讲解，熟悉资料、借阅参考书；沥青混凝土路面设计；水泥混凝土路面设计；编写设计说明、绘图、整理、装订文件、提交成果。	1/1	1. 平时考核（20%）按出勤率、任务完成进度、学习态度、团队协作中表现成绩； 2. 沥青路面设计（20%）设计方案是否合理，设计参数取值是

（续表）

环节名称	内容要求与教学方式	学分/周数	考核与成绩判定方式
路基路面工程课程设计	教学方式：分组实验，教师现场指导的教学方式。		否正确，计算过程是否完整正确； 3. 水泥混凝土路面设计（20%）设计方案是否合理，设计参数取值是否正确，计算过程是否完整正确； 4. 施工图（20%）图纸内容是否正确，标注是否完整，格式是否规范； 5. 设计说明书（20%）内容是否正确，格式是否规范。
交通规划课程设计	内容要求：设计居民出行调查表格，进行交通小区的划分，组织并实施居民出行调查。构建居民出行调查数据库，处理居民出行调查数据，撰写居民出行调查报告。针对对象区域，采用相关交通规划软件，构建城市路网模型。进行交通需求分析和道路网评价。应用交通规划软件，进行交通流量的分配，对交通分配结果的合理性进行判断。结合交通分配的结果，制定路网规划方案。编写课程设计报告；输出相关交通分析成果图表，绘制路网规划方案图；成果提交和汇报。 教学方式：课堂讲授、演示讲解、现场指导、实践操作。	1.5/1.5	1. 平时考核（20%）出勤率、任务完成进度、学习态度、团队协作中表现等； 2. 设计成果（30%）建模、结果与评价的正确性、全面性及表述能力； 3. 设计报告（30%）课程设计报告的正确性、表达效果和制图规范程度等； 4. 汇报、回答问题（20%）汇报、回答问题的正确性、表达能力等。
生产实习	内容要求： 1. 实习动员、安全教育：集中宣讲生产实习的目的、任务、工作方法和安全须知； 2. 熟悉已建或在建工程的运营特点、工艺方法和设备设施的类型； 3. 熟悉工程方案的确定、操作流程，了解主要存在问题； 4. 熟悉相关工程专业术语、规范、标准等法规文件的使用情况。 教学方式：课堂讲授、现场指导。	3/3	1. 实习日志（30%）：及时、全面记录实习内容、实习过程，书写格式正确、规范； 2. 实习报告（30%）：全面总结实习内容、实习过程、表述实习心得等内容，实习报告书写格式正确、规范； 3. 实习单位鉴定（20%）：在实习出勤、劳动态度、业务能力、遵守纪律、团队协作等方面评价； 4. 指导教师评价（20%）：在实习态度、实习准备、实习表现、实习效果等方面评价。

（续表）

环节名称	内容要求与教学方式	学分/周数	考核与成绩判定方式
交通控制系统仿真实验	内容要求： 掌握 SYNCHRO 信号配时分析与优化仿真软件与一种交通仿真软件的主要功能与操作步骤；学习 SYNCHRO 软件的主要功能与其操作步骤，以实例探讨来阐述此软件的使用方法与信号配时分析与优化。结合实例学习 VISSIM 仿真软件的主要功能与其操作步骤，通过实际交通状况的分析，选择适当的仿真参数，能对各种类型的交叉口和路段建立交通仿真模型，对交通状况进行仿真与评价，并提出合理的改良方案。 教学方式：课堂讲授、演示讲解、现场指导、实践操作。	1/2	1. 平时考核（20%）出勤率、任务完成进度、学习态度、团队协作及答辩表现； 2. 建模、结果与评价（30%）成果的正确性、全面性及表述能力； 3. 实验报告（30%）正确性、表达效果和实验报告规范程度； 4. 汇报、回答问题（20%）正确性、表达能力。
交通设计课程设计	内容要求：交通调查与数据采集，交通问题诊断分析，交通方案设计，方案评价，成果整理与报告撰写。 教学方式：课堂讲授、演示讲解、现场指导、实践操作。	1/2	1. 平时考核（30%）按出勤率、任务完成进度、学习态度、团队协作中表现及答辩成绩； 2. 交通调查（10%）调查方案是否合理，数据量是否满足要求； 3. 问题分析（15%）问题分析是否全面透彻； 4. 方案设计（25%）方案设计是否科学合理； 5. 方案评价（10%）评价方法是否科学合； 6. 报告撰写（10%）报告撰写是否规范。
毕业设计	内容要求： 1. 工程设计类：（1）掌握工程设计的基本程序和方法，进行设计资料的调研和收集；（2）根据使用功能要求、经济技术条件、工程地质条件、道路现状条件、道路交通条件等，进行交通方案优化设计、道路选线设计、道路纵横断面设计、交通设施设计等；（3）利用手工和计算机，正确运用工具书和相关技术规范，进行理论分析、设计计算和设计成果绘制；（4）编写	15/15	1. 阶段考核（20%）学生提供阶段成果、原始手稿或草图，指导教师检查是否按时完成阶段任务，上一阶段成果中的问题是否改正，对阶段性成果质量进行评定； 2. 审阅（30%）综合评价学生的设计或研究工作及成果，包括设计方法或研究方案是否正确、基础知识及基本理论的应用能力、设计成果或研究论文

（续表）

环节名称	内容要求与教学方式	学分/周数	考核与成绩判定方式
毕业设计	设计文件、英文资料翻译。 2. 施工技术类：（1）掌握工程的设计概况、合同要求、工程所在地的自然与环境条件、工程地质条件、施工准备工作；（2）掌握主要分项工程的施工方案、施工工艺与方法，主要施工设备的选择与计算；（3）施工进度计划安排、现场平面布置设计；（4）确定施工质量、进度、成本控制和安全文明施工措施；（5）施工（监理）文件整理、英文资料翻译。 3. 实验研究类：（1）文献检索与阅读，了解研究背景与进展；（2）确定研究内容及研究方法；（3）实验研究及计算分析；（4）论文撰写；（5）英文资料翻译。 教学方式：指导学生选题、收集资料、阅读文献、小组讨论、指导写作。		是否满足任务书要求、成果表达是否规范，并对学生分析问题、解决问题的内力和创新意识做出评价； 3. 评阅（30%）综合评价设计成果或研究论文，包括设计或研究工作的完成情况、设计成果或研究论文深度及表达、设计方法或研究方法、成果的实用价值或学生的创新能力； 4. 答辩（20%）全面考查毕业设计成果或研究论文质量，评价答辩汇报内容主次是否分明、设计方案是否正确，思路是否清晰、论文论点是否正确、论据是否充分，回答问题表达是否流畅、说理清晰与准确。
毕业实习	内容要求： 1. 结合毕业设计课题、调查相关研究领域的实际情况； 2. 了解研究对象的现状特点、主要问题、分析步骤、搜集资料； 3. 掌握研究方案的确定、研究方法和调查设备的选择、分析软件与工具的选择； 4. 熟悉相关规范、标准等法规文件的使用。 教学方式：课堂讲授、现场指导。	2/2	1. 平时表现：实习出勤、实习预习、实习态度、教师提问、团队协作等方面（30%）； 2. 实习日志：及时、全面记录实习内容、实习过程，书写格式正确（30%）； 3. 实习报告：全面总结实习内容、实习过程、表述实习心得等内容，实习报告书写格式正确（40%）。